图解二十大精神

本书编写组 ｜ 编

人民出版社

责任编辑：任　民

图书在版编目（CIP）数据

图解二十大精神 / 本书编写组编 . —北京：人民出版社，2022.11
ISBN 978−7−01−025266−7

Ⅰ.①图…　Ⅱ.①本…　Ⅲ.①中共二十大（2022）—报告—学习参考
资料　Ⅳ.①D229

中国版本图书馆 CIP 数据核字（2022）第 210343 号

图解二十大精神

TUJIE ERSHIDA JINGSHEN

本书编写组　编

人民出版社　出版发行

（100706　北京市东城区隆福寺街 99 号）

三河市龙大印装有限公司　新华书店经销

2022 年 11 月第 1 版　2022 年 11 月北京第 1 次印刷

开本：710 毫米 ×1000 毫米 1/16　印张：15

字数：200 千字

ISBN 978−7−01−025266−7　定价：48.00 元

邮购地址　100706　北京市东城区隆福寺街 99 号
人民东方图书销售中心　电话（010）65250042　65289539

出版说明

党的二十大是在全党全国各族人民迈上全面建设社会主义现代化国家新征程、向第二个百年奋斗目标进军的关键时刻召开的一次十分重要的大会，是一次高举旗帜、凝聚力量、团结奋进的大会。大会通过了《高举中国特色社会主义伟大旗帜 为全面建设社会主义现代化国家而团结奋斗》的报告。报告系统回顾总结了过去五年的工作和新时代十年的伟大变革，阐述了开辟马克思主义中国化时代化新境界、中国式现代化的中国特色和本质要求、以中国式现代化全面推进中华民族伟大复兴等重大问题，擘画了全面建成社会主义现代化强国的宏伟蓝图和实践路径，就未来五年党和国家事业发展制定了大政方针、作出了全面部署，是中国共产党团结带领全国各族人民夺取新时代中国特色社会主义新胜利的政治宣言和行动纲领，是一篇马克思主义的纲领性文献。

为更好地宣传党的二十大精神，我们延续出版《依法治国七讲（图解版）》《十九大精神十三讲（图解版）》《十九大党章十讲（图解版）》等图书的做法推出了本书。本书邀请有关专家编写，从十五个方面，对二十大报告提出的新理念新思想新战略进行了深入解读，并辅以大量图示、图表等，直观、通俗、生动地介绍了二十大报告的内容，力求让更多读者理解把握党的二十大精神，踔厉奋发、团结奋斗，为全面建设社会主义现代化国家贡献力量。

人民出版社

2022 年 11 月

目　录

二十大报告的文本结构

导语

一、过去五年的工作和新时代十年的伟大变革

二、开辟马克思主义中国化时代化新境界

三、新时代新征程中国共产党的使命任务

四、加快构建新发展格局，着力推动高质量发展

五、实施科教兴国战略，强化现代化建设

    人才支撑

六、发展全过程人民民主，保障人民

    当家作主

七、坚持全面依法治国，推进法治中国建设

八、推进文化自信自强，铸就社会主义

    文化新辉煌

九、增进民生福祉，提高人民生活品质

十、推动绿色发展，促进人与自然

    和谐共生

十一、推进国家安全体系和能力现代化，

    坚决维护国家安全和社会稳定

十二、实现建军一百年奋斗目标，开创国防和

    军队现代化新局面

十三、坚持和完善"一国两制"，推进祖国统一

十四、促进世界和平与发展，推动构建人类命运共同体

十五、坚定不移全面从严治党，深入推进新时代党的建设新的伟大

    工程

结束语

二十大报告文本结构示意

二十大报告的内容要点

 3.2万余字，分15个部分

第一部分　**过去五年的工作和新时代十年的伟大变革**

- 极不寻常、极不平凡的五年
- 新时代十年的三件大事
- 新时代十年的十六个方面伟大变革
- 新时代十年伟大变革的里程碑意义
- 中国共产党的"四个始终"

第二部分　**开辟马克思主义中国化时代化新境界**

- 新时代中国特色社会主义思想的主要内容
- 坚持和发展马克思主义的基本路径："两个结合"
- 新时代中国特色社会主义思想的世界观和方法论："六个必须坚持"

第三部分　**新时代新征程中国共产党的使命任务**

- 新时代党的中心任务
- 中国式现代化的中国特色
- 中国式现代化的本质要求
- 全面建成社会主义现代化强国总的战略安排："两步走"
- 前进道路上必须牢牢把握的五条重大原则

第四部分　**加快构建新发展格局，着力推动高质量发展**

- 构建高水平社会主义市场经济体制
- 建设现代化产业体系
- 全面推进乡村振兴
- 促进区域协调发展
- 推进高水平对外开放

第五部分 实施科教兴国战略，强化现代化建设人才支撑

- 办好人民满意的教育
- 完善科技创新体系
- 加快实施创新驱动发展战略
- 深入实施人才强国战略

第六部分 发展全过程人民民主，保障人民当家作主

- 加强人民当家作主制度保障
- 全面发展协商民主
- 积极发展基层民主
- 巩固和发展最广泛的爱国统一战线

第七部分 坚持全面依法治国，推进法治中国建设

- 完善以宪法为核心的中国特色社会主义法律体系
- 扎实推进依法行政
- 严格公正司法
- 加快建设法治社会

第八部分 推进文化自信自强，铸就社会主义文化新辉煌

- 建设具有强大凝聚力和引领力的社会主义意识形态
- 广泛践行社会主义核心价值观
- 提高全社会文明程度
- 繁荣发展文化事业和文化产业
- 增强中华文明传播力影响力

第九部分 增进民生福祉，提高人民生活品质

- 完善分配制度
- 实施就业优先战略

- 健全社会保障体系
- 推进健康中国建设

第十部分 推动绿色发展，促进人与自然和谐共生

- 加快发展方式绿色转型
- 深入推进环境污染防治
- 提升生态系统多样性、稳定性、持续性
- 积极稳妥推进碳达峰碳中和

第十一部分 推进国家安全体系和能力现代化，坚决维护国家安全和社会稳定

- 健全国家安全体系
- 增强维护国家安全能力
- 提高公共安全治理水平
- 完善社会治理体系

第十二部分 实现建军一百年奋斗目标，开创国防和军队现代化新局面

- 全面加强人民军队党的建设，确保枪杆子永远听党指挥
- 全面加强练兵备战，提高人民军队打赢能力
- 全面加强军事治理，巩固拓展国防和军队改革成果
- 巩固提高一体化国家战略体系和能力

第十三部分 坚持和完善"一国两制"，推进祖国统一

- 全面准确、坚定不移贯彻"一国两制"、"港人治港"、"澳人治澳"、高度自治的方针，坚持依法治港治澳
- 支持香港、澳门发展经济、改善民生、破解经济社会发展中的深层次矛盾和问题
- 发展壮大爱国爱港爱澳力量
- 坚持贯彻新时代党解决台湾问题的总体方略，坚定不移推进祖国统一大业

第十四部分 促进世界和平与发展，推动构建人类命运共同体

- 坚定奉行独立自主的和平外交政策
- 推动构建新型国际关系
- 坚定奉行互利共赢的开放战略
- 积极参与全球治理体系改革和建设
- 构建人类命运共同体

第十五部分 坚定不移全面从严治党，深入推进新时代党的建设新的伟大工程

- 坚持和加强党中央集中统一领导
- 坚持不懈用新时代中国特色社会主义思想凝心铸魂
- 完善党的自我革命制度规范体系
- 建设堪当民族复兴重任的高素质干部队伍
- 增强党组织政治功能和组织功能
- 坚持以严的基调强化正风肃纪
- 坚决打赢反腐败斗争攻坚战持久战

第一讲

过去五年的历史成就和新时代十年的伟大变革

 过去五年的历史成就

 新时代十年的伟大变革

党的二十大报告全面回顾了党的十八大以来党的奋斗历程，系统总结了过去 5 年和新时代 10 年党领导全国各族人民取得的伟大成绩。

一、过去五年的历史成就

党的二十大报告指出：十九大以来的 5 年，是极不寻常、极不平凡的 5 年。党中央统筹中华民族伟大复兴战略全局和世界百年未有之大变局，召开 7 次全会，分别就宪法修改，深化党和国家机构改革，坚持和完善中国特色社会主义制度、推进国家治理体系和治理能力现代化，制定"十四五"规划和 2035 年远景目标，全面总结党的百年奋斗重大成就和历史经验等重大问题作出决定和决议，就党和国家事业发展作出重大战略部署，团结带领全党全军全国各族人民有效应对严峻复杂的国际形势和接踵而至的巨大风险挑战，以奋发有为的精神把新时代中国特色社会主义不断推向前进。

（一）过去五年的七次中央全会

党的十九大以来，中央共召开 7 次全会，就党和国家事业发展一系列问题作出重大战略部署。

十九届一中全会，2017 年 10 月 25 日召开，选举产生新的中央领导机构。

十九届二中全会，2018 年 1 月 18 日至 19 日召开，审议通过《中

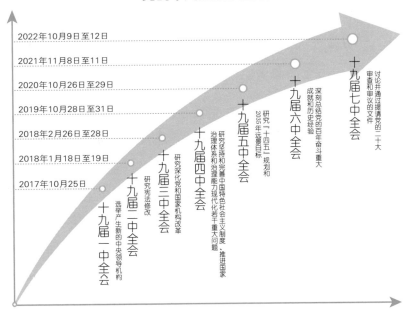

党的十九届历次全会

2022年10月9日至12日

2021年11月8日至11日

2020年10月26日至29日

2019年10月28日至31日

2018年2月26日至28日

2018年1月18日至19日

2017年10月25日

十九届一中全会
选举产生新的中央领导机构

十九届二中全会
研究宪法修改

十九届三中全会
研究深化党和国家机构改革

十九届四中全会
研究坚持和完善中国特色社会主义制度、推进国家治理体系和治理能力现代化若干重大问题

十九届五中全会
研究「十四五」规划和2035年远景目标

十九届六中全会
深刻总结党的百年奋斗重大成就和历史经验

十九届七中全会
讨论并通过提请党的二十大审查和审议的文件

共中央关于修改宪法部分内容的建议》。

十九届三中全会，2018 年 2 月 26 日至 28 日召开，审议通过《中共中央关于深化党和国家机构改革的决定》和《深化党和国家机构改革方案》。

十九届四中全会，2019 年 10 月 28 日至 31 日召开，审议通过《中共中央关于坚持和完善中国特色社会主义制度、推进国家治理体系和治理能力现代化若干重大问题的决定》。

十九届五中全会，2020 年 10 月 26 日至 29 日召开，审议通过《中共中央关于制定国民经济和社会发展第十四个五年规划和二〇三五年远景目标的建议》。

十九届六中全会，2021 年 11 月 8 日至 11 日召开，审议通过《中共中央关于党的百年奋斗重大成就和历史经验的决议》。

十九届七中全会，2022 年 10 月 9 日至 12 日召开，讨论通过党的十九届中央委员会向中国共产党第二十次全国代表大会的报告，讨论通过党的十九届中央纪律检查委员会向中国共产党第二十次全国代表大会的工作报告，讨论通过《中国共产党章程（修正案）》。

（二）过去五年的重大成就

党的二十大报告指出：5年来，我们坚持加强党的全面领导和党中央集中统一领导，全力推进全面建成小康社会进程，完整、准确、全面贯彻新发展理念，着力推动高质量发展，主动构建新发展格局，蹄疾步稳推进改革，扎实推进全过程人民民主，全面推进依法治国，积极发展社会主义先进文化，突出保障和改善民生，集中力量实施脱贫攻坚战，大力推进生态文明建设，坚决维护国家安全，防范化解重大风险，保持社会大局稳定，大力度推进国防和军队现代化建设，全方位开展中国特色大国外交，全面推进党的建设新的伟大工程。我们隆重庆祝中国共产党成立100周年、中华人民共和国成立70周年，制定第三个历史决议，在全党开展党史学习教育，建成中国共产党历史展览馆，号召全党学习和践行伟大建党精神，在新的征程上更加坚定、更加自觉地牢记初心使命、开创美好未来。特别是面对突如其来的新冠肺炎疫情，我们坚持人民至上、生命至上，坚持外防输入、内防反弹，坚持动态清零不动摇，开展抗击疫情人民战争、总体战、阻击战，最大限度保护了人民生命安全和身体健康，统筹疫情防控和经济社会发展取得重大积极成果。面对香港局势动荡变化，我们依照宪法和基本法有效实施对特别行政区的全面管治权，制定实施香港特别行政区维护国家安全法，落实"爱国者治港"原则，香港局势实现由乱到治的重大转折，深入推进粤港澳大湾区建设，支持香港、澳门发展经济、改善民生、保持稳定。面对"台独"势力分裂活动和外部势力干涉台湾事务的严重挑衅，我们坚决开展反分裂、反干涉重大斗争，展示了我们维护国家主权和领土完整、反对"台独"的坚强决心和强大能力，进一步掌握了实现祖国完全统一的战略主动，进一步巩固了国际社会坚持一个中国的格局。面对国际局势急剧变化，特别是面对外部讹诈、遏制、封锁、极限施压，我们坚持国家利益为重、国内政治优先，保持战略定力，发扬斗争精神，展示不畏强权的坚定意志，在斗争中维护国家尊严和核心利益，牢牢掌握了我国发展和安全主动权。5年来，我们党团结带领人民，攻克了许多长期没有解决的难题，办成了许多事关长远的大事要事，推动党和国家事业取得举世瞩目的重大成就。

党的十九大以来5年取得的重大成就，极大彰显了中国特色社会主义的强大生机和活力，空前激发了党心军心民心奋进新征程、建功新时代的自豪感和主动性，为实现中华民族伟大复兴提供了更为完善的制度保证、更为坚实的物质基础、更加强大的精神力量。

深阅读

党的十九大以来的5年，是新时代10年的重要组成部分，是中华民族伟大复兴进程中具有重要意义的5年。5年来党和国家事业取得举世瞩目的重大成就，可以从4个方面来认识和把握：第一，党中央作出一系列事关全局的重大战略部署；第二，党和国家办成一系列事关长远的大事要事；第三，党领导人民成功应对一系列前所未有的重大风险挑战；第四，我们隆重庆祝中国共产党成立100周年、中华人民共和国成立70周年，制定第三个历史决议，更加坚定、更加自觉地牢记初心使命，开创美好未来。

（摘编自《奋斗　新的伟业——非凡成就　伟大变革》，央视网，2022年10月18日）

二、新时代十年的伟大变革

（一）新时代十年的三件大事

党的二十大报告指出：十八大召开至今已经 10 年了。10 年来，我们经历了对党和人民事业具有重大现实意义和深远历史意义的 3 件大事：一是迎来中国共产党成立 100 周年，二是中国特色社会主义进入新时代，三是完成脱贫攻坚、全面建成小康社会的历史任务，实现第一个百年奋斗目标。这是中国共产党和中国人民团结奋斗赢得的历史性胜利，是彪炳中华民族发展史册的历史性胜利，也是对世界具有深远影响的历史性胜利。

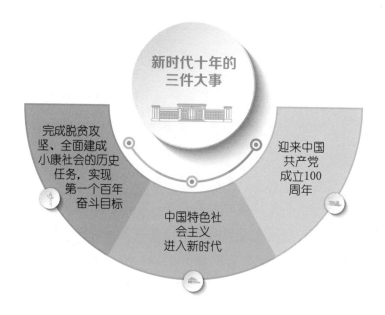

（二）新时代十年的历史起点

党的二十大报告指出：10 年前，我们面对的形势是，改革开放和社会主义现代化建设取得巨大成就，党的建设新的伟大工程取得显著成效，为我们继续前进奠定了坚实基础、创造了良好条件、提供了重要保障，同时一系列长期积累及新出现的突出矛盾和问题亟待解决。党内存在不少对坚持党的领导认识模糊、行动乏力问题，存在不少落实党的领导弱化、虚化、淡化问题，有些党员、干部政治信仰发生动摇，一些地方和部门形式主义、官僚主义、享乐主义和奢靡之风屡禁不止，特权思想和特权现象较为严重，一些贪腐问题触目惊心；经济结构性体制性矛盾突出，发展不平衡、不协调、不可持续，传统发展模式难以为继，一些深层次体制机制问题和利益固化藩篱日益显现；一些人对中国特色社会主义政治制度自信不足，有法不依、执法不严等问题严重存在；拜金主义、享乐主义、极端个人主义和历史虚无主义等错误思潮不时出现，网络舆论乱象丛生，严重影响人们思想和社会舆论环境；民生保障存在不少薄弱环节；资源环境约束趋紧、环境污染等问题突出；维护国家安全制度不完善、应对各种重大风险能力不强，国防和军队现代化存在不少短板弱项；香港、澳门落实"一国两制"的体制机制不健全；国家安全受到严峻挑战，等等。当时，党内和社会上不少人对党和国家前途忧心忡忡。

面对这些影响党长期执政、国家长治久安、人民幸福安康的突出矛盾和问题，党中央审时度势、果敢抉择，锐意进取、攻坚克难，团结带领全党全军全国各族人民撸起袖子加油干、风雨无阻向前行，义无反顾进行具有许多新的历史特点的伟大斗争。

（三）新时代十年十六个方面的伟大变革

党的十八大召开，标志着中国特色社会主义进入新时代。新时代10年的伟大变革，在新中国成立以来党和人民长期探索和实践的基础上写下了浓墨重彩的辉煌篇章，在新中国史上具有里程碑意义，社会主义在中国展现出更加旺盛的活力和强大生命力。

党的二十大报告指出：10年来，我们坚持马克思列宁主义、毛泽东思想、邓小平理论、"三个代表"重要思想、科学发展观，全面贯彻新时代中国特色社会主义思想，全面贯彻党的基本路线、基本方略，采取一系列战略性举措，推进一系列变革性实践，实现一系列突破性进展，取得一系列标志性成果，经受住了来自政治、经济、意识形态、自然界等方面的风险挑战考验，党和国家事业取得历史性成就、发生历史性变革，推动我国迈上全面建设社会主义现代化国家新征程。

一是创立了习近平新时代中国特色社会主义思想，明确坚持和发展中国特色社会主义的基本方略，提出一系列治国理政新理念新思想新战略，实现了马克思主义中国化时代化新的飞跃，坚持不懈用这一创新理论武装头脑、指导实践、推动工作，为新时代党和国家事业发展提供了根本遵循。

党的十八大以来，以习近平同志为核心的党中央从新的实际出发，对关系新时代党和国家事业发展的一系列重大理论和实践问题进行深邃思考和科学判断，就新时代坚持和发展什么样的中国特色社会主义、怎样坚持和发展中国特色社会主义，建设什么样的社会主义现代化强国、怎样建设社会主义现代化强国，建设什么样的长期执政的马克思主义政党、怎样建设长期执政的马克思主义政党等重大时代课题，提出一系列原创性的治国理政新理念新思想新战略，创立了习近平新时代中国特色社会主义思想，实现了马克思主义中国化时代化新的飞跃。确立习近平新时代中国特色社会主义思想的指导地位，是党的十八大以来最重要的政治成果之一，是党和国家事业取得历史性成就、发生历史性变革的根本所在，对新时代党和国家事业发展、对推进中华民族伟大复兴历史进程具有决定性意义，为我们党在中华民族伟大复兴战略全局和世界百年未有之大变局深度演进互动的复杂条件下开新局、创辉煌提供了根本政治保证。

权威评论

江金权（中央政策研究室主任）：新时代十年的伟大变革，是全方位、根本性、格局性的，体现在改革发展稳定、内政外交国防、治党治国治军各个方面。报告从16个方面总结概括了十年来的伟大变革，可谓字字千钧、掷地有声，全面展示了新时代伟大变革的壮阔历程和宏伟气象。我体会，最具标志性意义的有6个方面：一是取得了"两个确立"的重大政治成果……二是中国共产党在革命性锻造中更加坚强有力……三是胜利实现全面建成小康社会目标……四是维护国家安全能力显著提高……五是我国国际地位显著提升……六是我国制度优势更加彰显。

二是全面加强党的领导，明确中国特色社会主义最本质的特征是中国共产党领导，中国特色社会主义制度的最大优势是中国共产党领导，中国共产党是最高政治领导力量，坚持党中央集中统一领导是最高政治原则，系统完善党的领导制度体系，全党增强"四个意识"，自觉在思想上政治上行动上同党中央保持高度一致，不断提高政治判断力、政治领悟力、政治执行力，确保党中央权威和集中统一领导，确保党发挥总揽全局、协调各方的领导核心作用，我们这个拥有9600多万名党员的马克思主义政党更加团结统一。

加强党的全面领导和党中央集中统一领导，明确了党在中国特色社会主义事业中的领导核心地位，确立了习近平同志党中央的核心、全党的核心地位，使党的全面领导和党中央的权威在国家运行机制和各项制度中具有了更强的制度约束力，党的领导体制机制更加健全。党的十九大将"中国共产党的领导是中国特色社会主义最本质的特征，是中国特色社会主义制度的最大优势"写入党章，二十大党章对

　　习近平总书记指出："加强党对一切工作的领导，这一要求不是空洞的、抽象的，要在各方面各环节落实和体现。"党的十八大以来，党中央采取一系列举措，把党的领导落实到国家治理各领域各方面各环节，确保党引领中华民族伟大复兴的巨轮沿着正确航向破浪前行。党的全面领导制度体系更加成熟、更加定型，为推进新时代中国特色社会主义各项事业提供了坚强保证。

　　（摘编自《确保党始终成为中国特色社会主义事业坚强领导核心——新时代坚持和加强党的全面领导述评》，新华社 2022 年 9 月 4 日，作者：丁小溪、高蕾、范思翔）

此再次作出强调。十三届全国人大一次会议审议通过的宪法修正案，把"中国共产党领导是中国特色社会主义最本质的特征"载入宪法。完善推动党中央重大决策部署落实机制，严格执行向党中央请示报告制度，构建上下贯通、执行有力的组织体系，不断健全体现和落实党中央集中统一领导的工作体系。深化党和国家机构改革，强化党中央决策议事协调机构职能作用，落实党中央对经济建设、政治建设、文化建设、社会建设、生态文明建设和全面深化改革、国防和军队建设等各方面工作的全面领导，从机构职能上保证党的领导得到全面落实。不断完善党领导人大、政府、政协、监察机关、审判机关、检察机关、武装力量、人民团体、企事业单位、基层群众性自治组织、社会组织等制度，确保党在各种组织中发挥领导作用。持续深化政治机关建设，调整优化基层党组织的地位作用，全面完成央企集团"党建入章"，不断健全高校党委领导下的校长负责制，先后建立公立中小学、医院、科研院所党组织领导下的校（院、所）长负责制，党的领导进一步贯彻和融入各领域各方面工作之中，推动党的领导制度纵到底横到边，落实落地。

三是对新时代党和国家事业发展作出科学完整的战略部署，提出实现中华民族伟大复兴的中国梦，以中国式现代化推进中华民族伟大复兴，统揽伟大斗争、伟大工程、伟大事业、伟大梦想，明确"五位一体"总体布局和"四个全面"战略布局，确定稳中求进工作总基调，统筹发展和安全，明确我国社会主要矛盾是人民日益增长的美好生活需要和不平衡不充分的发展之间的矛盾，并紧紧围绕这个社会主要矛盾推进各项工作，不断丰富和发展人类文明新形态。

我国站在新的历史起点上，应对世界百年未有之大变局，坚持科学社会主义理论逻辑和中国社会发展历史逻辑的辩证统一，坚持按照根植于中国大地、反映中国人民意愿、适应中国和时代发展进步的要求发展中国特色社会主义，坚持把中国特色社会主义作为全面建成小康社会、加快推进社会主义现代化、实现中华民族伟大复兴的必由之路。不断深化对中国特色社会主义的规律性认识，对中国特色社会主义进行科学擘画、作出战略安排，明确提出坚持和发展中国特色社会主义的总任务，提出中国特色社会主义事业"五位一体"总体布局和"四个全面"战略布局，提出坚持和完善中国特色社会主义制度、推进国家治理体系和治理能力现代化，在党的基本理论、基本路线基础上提出"十四个坚持"的新时代中国特色社会主义基本方略，并根据新的实践对党和国家事业各方面作出理论分析和政策指导，推动新时代党和国家事业取得历史性成就、发生历史性变革。

四是经过接续奋斗，实现了小康这个中华民族的千年梦想，我国发展站在了更高历史起点上。我们坚持精准扶贫、尽锐出战，打赢了人类历史上规模最大的脱贫攻坚战，全国 832 个贫困县全部摘帽，近 1 亿农村贫困人口实现脱贫，960 多万贫困人口实现易地搬迁，历史性地解决了绝对贫困问题，为全球减贫事业作出了重大贡献。

我们坚持以人民为中心的发展思想，把如期全面建成小康社会作

打赢脱贫攻坚战，如期全面建成小康社会

贫困县

832个

2012年   2020年   0个

"十三五"期间

960多万贫困人口通过易地搬迁实现脱贫，建成集中安置区约3.5万个

建成安置住房266万余套，总建筑面积2.1亿平方米，户均住房面积80.6平方米

数据来源：国家发展改革委

为向人民、向历史作出的庄严承诺，下大气力破解制约如期全面建成小康社会的重点难点问题，攻克一系列难题，战胜一系列挑战，如期全面建成小康社会，迈出实现中华民族伟大复兴的关键一步。我们把脱贫攻坚作为全面建成小康社会的底线任务，组织实施人类历史上规模最大、力度最强的脱贫攻坚战。党的十八大以来，近1亿农村贫困人口实现脱贫，提前10年实现联合国2030年可持续发展议程减贫目标，历史性地解决了困扰中华民族几千年的绝对贫困问题，创造了人类减贫史上的奇迹。

五是提出并贯彻新发展理念，着力推进高质量发展，推动构建新发展格局，实施供给侧结构性改革，制定一系列具有全局性意义的区域重大战略，我国经济实力实现历史性跃升。国内生产总值从54万亿元增长到114万亿元，我国经济总量占世界经济的比重达18.5%，提高 7.2 个百分点，稳居世界第二位；人均国内生产总值从 3.98 万元增加到 8.1 万元。谷物总产量稳居世界首位，14 亿多人的粮食安全、能源安全得到有效保障。城镇化率提高 11.6 个百分点，达到 64.7%。制造业规模、外汇储备稳居世界第一。建成世界最大的高速铁路网、高速公路网，机场港口、水利、能源、信息等基础设施建设取得重大成就。我们加快推进科技自立自强，全社会研发经费支出从 1 万亿元增加到 2.8 万亿元，居世界第二位，研发人员总量居世界首位。基础研究和原始创新不断加强，一些关键核心技术实现突破，战略性新兴产业发展壮大，载人航天、探月探火、深海深地探测、超级计算机、卫星导航、量子信息、核电技术、新能源技术、大飞机制造、生物医药等取得重大成果，进入创新型国家行列。

以习近平同志为核心的党中央把握我国社会主要矛盾的变化，提出新发展理念，系统回答了关于发展的目的、动力、方式、路径等一系列理论和实践问题，就推动高质量发展、推动供给侧结构性改革、构建新发展格局、统筹发展和安全等推出一系列重大战略举措，引领和推动我国发展观念、发展方式、发展动力、发展格局发生了深刻变革，为我国实现高质量发展、加快从经济大国向经济强国转变开辟了正确道路，国内生产总值（GDP）突破百万亿元大关，人均 GDP 超过 1 万美元。我国加快发展先进制造业，培育壮大战略性产业，积极发展新兴产业，拥有联合国制造业分类目录中全部大类行业，200 多种工业产品产量位居世界第一，成为名副其实的第一制造大国。发电设备、输变电设备、轨道交通设备、通信设备处于国际领先地位，工业互联网、大数据、云计算、人工智能等现代信息技术迅速发展。我国已经成为全球第二大消费市场，巨大的国内市场规模在推动形成新发展格局中日益发挥战略基点作用。我国科技创新开始从量的积累向质的飞跃、从散点突破向系统能力提升转变，一些领域实现了从"跟跑"到"并跑"甚至"领跑"的跨越，国内发明专利授权量连续多年

这些数字见证中国经济发展非凡十年

GDP 增长

114万亿元
2021年

上升至

54万亿元
2012年

经济总量占世界经济的
比重

18.5%

81000元

人均 GDP 从 39800 元增加到
81000 元

第1
谷物总产量稳居世界首位

城镇化率
64.7%
提高 11.6 个百分点
达到 64.7%

第1
制造业规模稳居世界第一

第1
外汇储备稳居世界第一

10000亿元   28000亿元

2012 年   2021 年

全社会研发经费支出增加到
28000亿元，居世界第二位

第1
研发人员总量居世界首位

数据来源:《人民日报》

位居世界首位，通过《专利合作条约》(PCT)途径提交的国际专利
申请量跃居世界首位，国际科技论文数量和高被引论文数量均居世界
第二位。在基础研究和关键核心技术方面，量子信息、铁基超导、中
微子、干细胞、脑科学等前沿领域取得一批标志性、引领性重大原创

成果，载人航天与探月、全球卫星导航、大型客机、深地、深海等战略性领域攻克一批"卡脖子"关键核心技术，磁约束核聚变大科学装置多项实验取得突破，散裂中子源、500米口径球面射电望远镜等一批国之重器相继建成运行，国家科技实力得到显著增强，我国进入创新型国家行列。

六是以巨大的政治勇气全面深化改革，打响改革攻坚战，加强改革顶层设计，敢于突进深水区，敢于啃硬骨头，敢于涉险滩，敢于面对新矛盾新挑战，冲破思想观念束缚，突破利益固化藩篱，坚决破除各方面体制机制弊端，各领域基础性制度框架基本建立，许多领域实现历史性变革、系统性重塑、整体性重构，新一轮党和国家机构改革全面完成，中国特色社会主义制度更加成熟更加定型，国家治理体系和治理能力现代化水平明显提高。

以习近平同志为核心的党中央准确把握改革进入攻坚期和深水区的阶段性特征，召开具有划时代意义的党的十八届三中全会，以敢于啃硬骨头、敢于涉险滩的精神和巨大政治勇气、政治智慧推进全面深化改革，坚决破除各方面体制机制弊端，推动改革全面发力、多点突破、蹄疾步稳、纵深推进，从夯基垒台、立柱架梁到全面推进、积厚成势，再到系统集成、协调高效，不断推动全面深化改革向广度和深度进军。全面完成新一轮党和国家机构改革，实现党和国家机构系统性、整体性重构，党和国家各方面制度更加成熟更加定型，制度优势和治理效能不断显现，为党和国家长治久安、为中华民族兴旺发达奠定了制度基础。

七是实行更加积极主动的开放战略，构建面向全球的高标准自由贸易区网络，加快推进自由贸易试验区、海南自由贸易港建设，共建"一带一路"成为深受欢迎的国际公共产品和国际合作平台。我国成为140多个国家和地区的主要贸易伙伴，货物贸易总额居世界第一，吸引外资和对外投资居世界前列，形成更大范围、更宽领域、更深层次对外开放格局。

以习近平同志为核心的党中央坚持以开放促改革、促发展、促创新，通过高水平开放推动供给侧结构性改革，通过利用国内外创新要素优化进口、提升国内供给水平，实行更加积极主动的开放战略，构建互利共赢、多元平衡、安全高效的开放型经济体系，形成更大范围、更宽领域、更深层次的对外开放格局，不断增强我国国际经济合作和竞争新优势，我国同世界的联系更趋紧密、相互影响更趋深刻。我国积极推动从商品和要素流动型开放向规则、规制、管理、标准等制度型开放转变，高技术、高质量、高附加值的产品出口快速增长，出口比较优势加快从要素驱动向创新驱动转变，向国际市场提供更加优质的商品和服务，促进国内国际双循环相互促进，利用外资呈现量质齐升的良好局面，全方位高水平开放型经济加快形成。更高水平开放型经济新体制加快建设，自贸试验区数量 2020 年已拓展到 21 家，有效激发了改革创新的活力、动力和潜力。海南自由贸易港建设扎实推进，逐步建立与高水平自由贸易港相适应的税收制度，推进贸易自由化、便利化，我国营商环境全球排名由 2013 年的第 96 位跃升至 2020 年的第 31 位。

八是坚持走中国特色社会主义政治发展道路，全面发展全过程人民民主，社会主义民主政治制度化、规范化、程序化全面推进，社会主义协商民主广泛开展，人民当家作主更为扎实，基层民主活力增强，爱国统一战线巩固拓展，民族团结进步呈现新气象，党的宗教工作基本方针得到全面贯彻，人权得到更好保障。社会主义法治国家建设深入推进，全面依法治国总体格局基本形成，中国特色社会主义法治体系加快建设，司法体制改革取得重大进展，社会公平正义保障更为坚实，法治中国建设开创新局面。

以习近平同志为核心的党中央坚持和完善人民代表大会制度、中国共产党领导的多党合作和政治协商制度、民族区域自治制度，党的

十年来，全过程人民民主不断发展

 截至2022年6月底

全国人大常委会

共听取审议有关监督工作情况的
报告**150**多件
检查**50**多部法律的实施情况
共开展专题询问**25**次
专题调研**45**项

 截至2022年7月底

全国政协召开

16次
网络议政
远程协商会

18次
专题议政性
常委会会议

20次
专题协商会

51次
专家协商会

140次
双周协商
座谈会

 截至2022年6月底

全国人大及其常委会

一共有**217**件次的法律草案
向社会公布征求意见
收到**120**多万人次提出的
380多万条意见建议

 截至2022年7月底

全国政协

 共收到提案**58000**多件
经审查立案**47000**多件

 截至2022年7月底

党中央召开或委托有关
部门召开政党协商会议
185次

数据来源："中国这十年"系列主题新闻发布会

领导、人民当家作主、依法治国有机统一的制度建设得到全面加强，社会主义民主政治制度化、规范化、程序化取得长足进步，人民依法参与民主选举、民主协商、民主决策、民主管理、民主监督更加畅通，进一步激发了人民群众的积极性主动性创造性，为国家发展和民族复兴注入不竭动力。积极发展基层民主，健全基层群众自治制度，巩固和发展最广泛的爱国统一战线，健全全面、广泛、有机衔接的人民当家作主制度体系，构建多样、畅通、有序的民主渠道，选举民主和协商民主相互补充，为人民当家作主提供可靠保障，人民群众的获得感、幸福感、安全感不断提升。从关系党的前途命运和国家长治久安的战略全局高度认识法治、定位法治、布局法治、推进法治、厉行法治，坚持依法治国、依法执政、依法行政共同推进，法治国家、法治政府、法治社会一体建设，法治中国建设取得令人瞩目的成就。

九是确立和坚持马克思主义在意识形态领域指导地位的根本制度，新时代党的创新理论深入人心，社会主义核心价值观广泛传播，中华优秀传统文化得到创造性转化、创新性发展，文化事业日益繁荣，网络生态持续向好，意识形态领域形势发生全局性、根本性转变。我们隆重庆祝中国人民解放军建军 90 周年、改革开放 40 周年，隆重纪念中国人民抗日战争暨世界反法西斯战争胜利 70 周年、中国人民志愿军抗美援朝出国作战 70 周年，成功举办北京冬奥会、冬残奥会，青年一代更加积极向上，全党全国各族人民文化自信明显增强、精神面貌更加奋发昂扬。

以习近平同志为核心的党中央准确把握世界范围内思想文化相互激荡、我国社会思想观念深刻变化的趋势，就意识形态领域一系列根本性问题阐明原则立场，旗帜鲜明确立马克思主义在意识形态领域指导地位的根本制度，破立并举、激浊扬清，有效解决了意识形态领域党的领导弱化问题，牢牢掌握了意识形态工作领导权。坚持以社会主义核心价值观引领文化建设，注重用中华优秀传统文化、革命文化、社会主义先进文化培根铸魂，推动中华优秀传统文化创造性转化、创新性发展。党对宣传思想文化工作的领导明显加强，马克思主义在意识形态领域的指导地位更加巩固，社会主义核心价值观得到广泛弘扬，公共文化服务水平不断提高，国家文化软实力和影响力大幅提升。我国坚持绿色办奥、共享办奥、开放办奥、廉洁办奥，把北京冬奥会、冬残奥会办成一届精彩、非凡、卓越的奥运盛会，向祖国人民、向国

幼有所育
学前教育毛入园率88.1%

学有所教
九年义务教育巩固率95.4%

弱有所扶
各级财政累计支出基本生活救助资金2.04万亿元

劳有所得
2021年，全国居民人均可支配收入比2012年实际增长78.0%

十年来，人民生活全方位改善

住有所居
建设各类保障性住房和棚户区改造安置住房5900多万套

病有所医
基本医疗保险参保率稳定在95%

老有所养
全国参加基本养老保险10.4亿人

数据来源：教育部、民政部、住建部、国家卫健委、国家统计局

际社会交上了一份满意答卷。

十是深入贯彻以人民为中心的发展思想，在幼有所育、学有所教、劳有所得、病有所医、老有所养、住有所居、弱有所扶上持续用力，人民生活全方位改善。人均预期寿命增长到78.2岁。居民人均可支配收入从1.65万元增加到3.51万元。城镇新增就业年均1300万人以上。建成世界上规模最大的教育体系、社会保障体系、医疗卫生体系，教育普及水平实现历史性跨越，基本养老保险覆盖10.4亿人，基本医疗保险参保率稳定在95%。及时调整生育政策。改造棚户区住房4200多万套，改造农村危房2400多万户，城乡居民住房条件明显改善。互联网上网人数达10.3亿人。人民群众获得感、幸福感、安全感更加充实、更有保障、更可持续，共同富裕取得新成效。

以习近平同志为核心的党中央坚持把保障和改善民生作为社会建设的重点，在收入分配、就业、教育、社会保障、医疗卫生、住房保障等方面推出一系列重大举措，建成世界上规模最大的社会保障体系和公共卫生服务体系，切实让改革发展成果更多更公平惠及广大人民群众，中国人民生活水平迈上了一个新台阶，日益增长的美好生活需要不断得到满足，使新时代成为人民获得感、幸福感、安全感最显著的阶段，书写了推动人的全面发展的新篇章。

十一是坚持绿水青山就是金山银山的理念，坚持山水林田湖草沙一体化保护和系统治理，全方位、全地域、全过程加强生态环境保护，生态文明制度体系更加健全，污染防治攻坚向纵深推进，绿色、循环、低碳发展迈出坚实步伐，生态环境保护发生历史性、转折性、全局性变化，我们的祖国天更蓝、山更绿、水更清。

以习近平同志为核心的党中央践行"绿水青山就是金山银山"理念，以最坚定决心、最严格制度、最有力举措加强生态环境保护，污染防治攻坚战取得显著成效，主要污染物排放总量持续下降，能源消费中清洁能源占比明显提高，环境质量稳步改善，城市污水处理率、城市生活垃圾无害化处理率接近100%，生态文明建设取得历史性成就，有力支撑了中华民族的伟大复兴和永续发展。

十二是贯彻总体国家安全观，国家安全领导体制和法治体系、战略体系、政策体系不断完善，在原则问题上寸步不让，以坚定的意志品质维护国家主权、安全、发展利益，国家安全得到全面加强。共建共治共享的社会治理制度进一步健全，民族分裂势力、宗教极端势力、暴力恐怖势力得到有效遏制，扫黑除恶专项斗争取得阶段性成果，有力应对一系列重大自然灾害，平安中国建设迈向更高水平。

以习近平同志为核心的党中央加强对国家安全工作的集中统一领导，从全局和战略高度对国家安全作出一系列重大决策部署，强化国家安全工作顶层设计，以人民安全为宗旨，以政治安全为根本，以经济安全为基础，以军事、科技、文化、社会安全为保障，以促进国际安全为依托，完善各重要领域国家安全政策，健全国家安全法律法

十年来，我国群众安全感始终保持高位

国际社会普遍认为中国是世界上最安全的国家之一

87.55%　　2012年

98.62%　　2021年

群众安全感始终保持高位

数据来源："中国这十年"系列主题新闻发布会

规，国家安全得到全面加强，成功应对了政治、经济、意识形态、自然界等方面的一系列重大风险挑战，保持了我国国家安全大局稳定。加强和创新社会治理，完善党委领导、政府负责、民主协商、社会协同、公众参与、法治保障、科技支撑的社会治理体系，强力开展扫黑除恶专项斗争，形成共建共治共享的社会治理格局，构建起立体化、智能化社会治安防控体系，社会治理社会化、智能化、法治化、专业化水平不断提高，实现社会治理方式由单向管理向多元共治转变，使我国成为世界上公认的最安全的国家之一。

十三是确立党在新时代的强军目标，贯彻新时代党的强军思想，贯彻新时代军事战略方针，坚持党对人民军队的绝对领导，召开古田全军政治工作会议，以整风精神推进政治整训，牢固树立战斗力这个唯一的根本的标准，坚决把全军工作重心归正到备战打仗上来，统筹加强各方向各领域军事斗争，大抓实战化军事训练，大刀阔斧深化国防和军队改革，重构人民军队领导指挥体制、现代军事力量体系、军事政策制度，加快国防和军队现代化建设，裁减现役员额30万胜利完成，人民军队体制一新、结构一新、格局一新、面貌一新，现代化水平和实战能力显著提升，中国特色强军之路越走越宽广。

以习近平同志为核心的党中央适应国际战略形势和国家安全环境

的发展变化，提出建设世界一流军队的新时代强军目标，弘扬古田会议精神，毫不动摇坚持党对人民军队绝对领导的根本原则和制度，习近平强军思想指导地位牢固确立，军队党的领导和党的建设全面加强。人民军队政治生态实现根本好转，实现整体性革命性重塑，战斗力得到全面提升。推进政治建军、改革强军、科技强军、人才强军、依法治军，领导开展新中国成立以来最为广泛、最为深刻的国防和军队改革，重构人民军队领导指挥体制、现代军事力量体系、军事政策制度，调整优化军事战略布局，强化人民军队塑造态势、管控危机、遏制战争、打赢战争的战略功能。科技创新对人民军队建设和战斗力发展的贡献率不断提高，国防和军队现代化水平显著提高，军事斗争准备取得重大进展，为实现中华民族伟大复兴提供了强大的战略支撑。

十四是全面准确推进"一国两制"实践，坚持"一国两制"、"港人治港"、"澳人治澳"、高度自治的方针，推动香港进入由乱到治走向由治及兴的新阶段，香港、澳门保持长期稳定发展良好态势。我们提出新时代解决台湾问题的总体方略，促进两岸交流合作，坚决反对"台独"分裂行径，坚决反对外部势力干涉，牢牢把握两岸关系主导权和主动权。

以习近平同志为核心的党中央坚定不移、全面准确贯彻"一国两制"、"港人治港"、"澳人治澳"、高度自治方针，坚持中央全面管治权和保障特别行政区高度自治权相统一，坚持依法治港治澳，维护宪法和基本法确定的特别行政区宪制秩序，推动建立健全特别行政区维护国家安全的法律制度和执行机制；坚定落实"爱国者治港"、"爱国者治澳"原则，确保特区政权牢牢掌握在爱国者手中，完善香港特别行政区选举制度，坚定支持香港特别行政区政府依法施政，坚决防范和遏制外部势力干预港澳事务，严厉打击分裂、颠覆、渗透、破坏活动；支持香港长期保持独特地位和优势，建成被誉为"新的世界七大奇迹"的港珠澳大桥，高质量建设充满活力、前景光明的粤港澳大湾区，全面支持香港、澳门更好融入国家发展大局，以一系列标本兼治的举措推动香港开创治理和发展的全新局面。

十五是全面推进中国特色大国外交，推动构建人类命运共同体，坚定维护国际公平正义，倡导践行真正的多边主义，旗帜鲜明反对一切霸权主义和强权政治，毫不动摇反对任何单边主义、保护主义、霸凌行径。我们完善外交总体布局，积极建设覆盖全球的伙伴关系网络，推动构建新型国际关系。我们展现负责任大国担当，积极参与全球治理体系改革和建设，全面开展抗击新冠肺炎疫情国际合作，赢得广泛国际赞誉，我国国际影响力、感召力、塑造力显著提升。

我国坚定不移走和平发展道路，奉行互利共赢开放战略，积极促进全球治理体系变革，提出推动构建人类命运共同体，推动建设"相互尊重、公平正义、合作共赢"的新型国际关系，高质量共建"一带一路"，坚持"共同、综合、合作、可持续"的全球安全观，坚持"和平、发展、公平、正义、民主、自由"的全人类共同价值等一系列深刻影响世界的新理念新思想新战略，为进入新的动荡变革期的世界指明了光明前景，成为引领时代潮流和人类前进方向的鲜明旗帜。我国倡导推动真正的多边主义，反对单边主义、保护主义、霸权主义、强权政治。建设性参与国际和地区热点问题政治解决，在气候变化、减贫、反恐、防疫、网络安全和维护地区安全等领域发挥积极作用。通过持续不断提供优质公共产品，积极参与各类国际和地区事务，同国际社会开展广泛联系与合作，展现了负责任大国形象，显著提升了我国国际影响力、感召力、塑造力，成为公认的世界和平建设者、全球发展贡献者、国际秩序维护者。

十六是深入推进全面从严治党，坚持打铁必须自身硬，从制定和落实中央八项规定开局破题，提出和落实新时代党的建设总要求，以党的政治建设统领党的建设各项工作，坚持思想建党和制度治党同向发力，严肃党内政治生活，持续开展党内集中教育，提出和坚持新时代党的组织路线，突出政治标准选贤任能，加强政治巡视，形成比较完善的党内法规体系，推动全党坚定理想信念、严密组织体系、严明纪律规矩。我们持之以恒正风肃纪，以钉钉子精神纠治"四风"，反对特权思想和特权现象，坚决整治群众身边的不正之风和腐败问题，刹住了一些长期没有刹住的歪风，纠治了一些多年未除的顽瘴痼疾。我们开展了史无前例的反腐败斗争，以"得罪千百人、不负十四亿"的使命担当祛疴治乱，不敢腐、不能腐、不想腐一体推进，"打虎"、"拍蝇"、"猎狐"多管齐下，反腐败斗争取得压倒性胜利并全面巩固，消除了党、国家、军队内部存在的严重隐患，确保党和人民赋予的权力始终用来为人民谋幸福。经过不懈努力，党找到了自我革命这一跳出治乱兴衰历史周期率的第二个答案，自我净化、自我完善、自我革新、自我提高能力显著增强，管党治党宽松软状况得到根本扭转，风清气正的党内政治生态不断形成和发展，确保党永远不变质、不变色、不变味。

以习近平同志为核心的党中央深化对党的建设规律的认识，围绕新时代建设什么样的长期执政的马克思主义政党、怎样建设长期执政的马克思主义政党的重大时代课题，提出新时代党的建设总要求、坚持党的全面领导、以党的政治建设统领党的各项建设、自我革命是党跳出治乱兴衰历史周期率的"第二个答案"等一系列建党强党新理念新思想新战略，指引全面从严治党不断走向深入，取得重大新进展、新成就。建立健全党的全面领导体制机制，党的政治领导力、思想引领力、群众组织力、社会号召力显著增强。强化政治监督和政治巡视，推动全党深刻领悟"两个确立"的决定性意义，增强"四个意识"、坚定"四个自信"、做到"两个维护"，党员、干部的政治判断力、政治领悟力、政治执行力全面提高。接续开展"不忘初心、牢记使命"主题教育和党史学习教育，大力弘扬伟大建党精神，党的创新理论武装不断走深走实走心，全党历史主动精神和历史创造精神得到有效激发。贯彻新时代党的组织路线，党的组织体系、干部工作体系、人才政策体系更加健全，基层党组织的战斗堡垒作用、党员先锋模范作用在脱贫攻坚、疫情防控等大战大考中充分彰显，领导班子和干部队伍素质结构进一步优化，人才队伍创新创造活力明显增强。驰而不息纠治"四风"，大力整治形式主义、官僚主义，党风政风持续向好。深化运用监督执纪"四种形态"，严明政治纪律和政治规矩，带动各项纪律全面严起来，实现管党治党从盯住极少数向管住大多数转变。形成比较完善的党内法规体系，党的建设科学化、制度化、规范化水平明显提高。完善党和国家监督体系，坚持不敢腐、不能腐、不想腐一体推进，惩治震慑、制度约束、提高觉悟一体发力，治理腐败综合功效不断显现，反腐败斗争取得压倒性胜利并全面巩固。

（四）新时代十年伟大变革的历史意义

党的二十大报告指出：新时代十年的伟大变革，在党史、新中国史、改革开放史、社会主义发展史、中华民族发展史上具有里程碑意义。

回首过去极不平凡的10年，在以习近平同志为核心的党中央坚强领导下，我们党在进行具有许多新的历史特点的伟大斗争中赢得一个又一个重大胜利，在推进全面从严治党伟大自我革命中不断取得卓著成效，在推进新时代中国特色社会主义伟大事业上取得历史性成就、发生历史性变革，在推进中华民族伟大复兴历史伟业上立下彪炳史册的不朽功勋。新时代10年的伟大变革，不仅深刻改变了中国，还极大影响了世界，直接推动形成了世界力量对比"东升西降"的态势，尤其是有力推进和拓展了中国式现代化这一人类发展史上最为宏大的现代化实践，创造出人类文明新形态，给世界上那些既向往加快发展又希望保持自身独立性的国家和民族提供了全新选择，为解决人类面临的共同问题提供了更多更好的中国智慧、中国方案、中国力

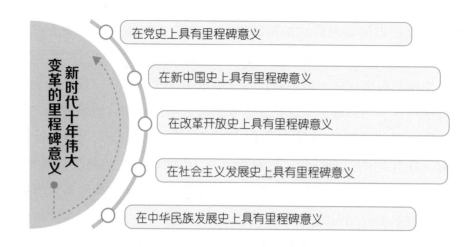

新时代十年伟大变革的里程碑意义

- 在党史上具有里程碑意义
- 在新中国史上具有里程碑意义
- 在改革开放史上具有里程碑意义
- 在社会主义发展史上具有里程碑意义
- 在中华民族发展史上具有里程碑意义

量。可以说，与中国历史上历次变革相比，新时代 10 年的伟大变革更加全面、更为彻底、更有成效。

一是在党史、新中国史、改革开放史和中华民族发展史上具有重大意义。中华民族是一个有着 5000 多年文明历史、光耀世界的伟大民族。鸦片战争后，中国陷入内忧外患的黑暗境地，中华民族落入历史的低谷，中国共产党就是在这个民族危亡的历史关头应运而生，义无反顾地肩负起救国救民、复兴民族的历史使命。经过革命、建设和改革各个历史时期的不懈奋斗，我们党带领人民成功开创了中国特色社会主义这条中国赶上时代、民族走向复兴的康庄大道，成功扭转了中国人民和中华民族的前途命运。党的十八大以来，我们党承前启后、继往开来，推动中国特色社会主义进入新时代。在这个时代里，我们已经全面建成小康社会并开启全面建设社会主义现代化国家新征程，还将实现全体人民共同富裕和中华民族伟大复兴的中国梦。其伟大历史意义就在于，近代以来中华民族最伟大的梦想将在这个历史阶段实现，中华文明将在这个历史阶段大放光彩、登上新的高峰。从这样一个认识高度把握新时代的重大历史意义，就能推动全党增强历史责任感，牢记初心使命，领导人民接好历史接力棒，创造无愧于新时代的历史业绩。

二是在社会主义发展史上具有重大意义。马克思主义深刻改变了中国，中国也极大丰富了马克思主义。我们党自成立以来，在革命、建设、改革各个历史时期不断推进马克思主义中国化，先后形成毛泽东思想、邓小平理论、"三个代表"重要思想、科学发展观，指导党和人民赢得新民主主义革命、社会主义革命和建设、改革开放和社会主义现代化建设新时期的伟大胜利，在苏联解体、东欧剧变后世界社会主义运动一时陷入低潮的背景下，使科学社会主义在中国大地展现出蓬勃生机活力。新时代的伟大历史意义就在于，我们党坚持马克思主义指导地位不动摇，秉持与时俱进的马克思主义理论品质，形成了习近平新时代中国特色社会主义思想，指导全党和全国各族人民于变局中开新局，使马克思、恩格斯设想的人类社会美好前景不断在中国大地上生动展现出来，在世界上高高举起了中国特色社会主义伟大旗帜。从这样一个认识高度把握新时代的伟大历史意义，就能推动全党增强中国特色社会主义道路自信、理论自信、制度自信、文化自信，领导全国各族人民在奋进新时代的征程上坚持和发展中国特色社会主义，让科学社会主义在21世纪的中国焕发出更为强大的生机活力，用中国不断走向强大的事实让世界上相信马克思主义的人多起来。

三是在人类社会进步史上具有重大意义。我们党不仅是为人民谋幸福的政党，也是为世界谋大同的政党，始终积极参与人类正义事业、为人类发展进步而奋斗。进入新时代，中华民族伟大复兴战略全局和世界百年未有之大变局深度互动，全球治理体系和国际秩序变革加速推进，世界和平与发展面临一系列重大挑战。在这种复杂形势下，世界向何处去，成为摆在各国面前的一道时代课题，我们党从理论到实践作出正确回答，那就是：走和平发展道路、推动构建人类命运共同体。新时代中国的发展道路，为解决人类问题贡献了中国智慧和中国方案。中国的国际地位达到历史新高，世界对中国的关注从未像今天这样广泛、深切、聚焦，中国对世界的影响也从未像今天这样全面、深刻、长远。从这样一个认识高度把握新时代的伟大历史意义，就能推动全党树立世界眼光、放眼全球、胸怀天下，领导全国各族人民实行更高水平的对外开放，扎扎实实把我们自己的事情做实做好，创造条件多做合作共赢的事情，不断提高为世界作贡献的能力。

党的二十大报告指出：走过百年奋斗历程的中国共产党在革命性锻造中更加坚强有力，党的政治领导力、思想引领力、群众组织力、社会号召力显著增强，党同人民群众始终保持血肉联系，中国共产党在世界形势深刻变化的历史进程中始终走在时代前列，在应对国内外各种风险和考验的历史进程中始终成为全国人民的主心骨，在坚持和发展中国特色社会主义的历史进程中始终成为坚强领导核心。中国人民的前进动力更加强大、奋斗精神更加昂扬、必胜信念更加坚定，焕发出更为强烈的历史自觉和主动精神，中国共产党和中国人民正信心百倍推进中华民族从站起来、富起来到强起来的伟大飞跃。改革开放和社会主义现代化建设深入推进，书写了经济快速发展和社会长期稳定两大奇迹新篇章，我国发展具备了更为坚实的物质基础、更为完善的制度保证，实现中华民族伟大复兴进入了不可逆转的历史进程。科学社会主义在 21 世纪的中国焕发出新的蓬勃生机，中国式现代化为人类实现现代化提供了新的选择，中国共产党和中国人民为解决人类面临的共同问题提供更多更好的中国智慧、中国方案、中国力量，为人类和平与发展崇高事业作出新的更大的贡献！

第二讲

习近平新时代中国特色社会主义思想开辟了马克思主义中国化时代化新境界

一　不断推进马克思主义中国化时代化

二　习近平新时代中国特色社会主义思想的主要内容

三　坚持和发展马克思主义的基本路径

四　习近平新时代中国特色社会主义思想的世界观和方法论

马克思主义是我们立党立国、兴党兴国的根本指导思想，是我们党的灵魂和旗帜。

一、不断推进马克思主义中国化时代化

党的二十大报告指出：实践告诉我们，中国共产党为什么能，中国特色社会主义为什么好，归根到底是马克思主义行，是中国化时代化的马克思主义行。拥有马克思主义科学理论指导是我们党坚定信仰信念、把握历史主动的根本所在。

理论的生命力在于创新。马克思主义深刻改变了中国，中国也极大丰富了马克思主义，使马克思主义以崭新面貌展现在世界面前。

党的 100 多年奋斗史，就是推进马克思主义中国化时代化、以理

归根到底是"两个行"

实践告诉我们 → 中国共产党为什么能，中国特色社会主义为什么好 → 归根到底是 → 马克思主义行 中国化时代化的马克思主义行

论创新指导推动实践创造的历史。100多年来，我们党之所以能够创造新民主主义革命、社会主义革命和建设、改革开放和社会主义现代化建设、新时代中国特色社会主义的伟大成就，之所以能够领导人民在一次次求索、一次次挫折、一次次开拓中完成中国其他各种政治力量不可能完成的艰巨任务，根本在于我们党始终把马克思主义作为立党立国、兴党兴国的根本指导思想，作为认识世界、把握规律、追求真理、改造世界的强大思想武器，坚持把马克思主义基本原理同中国具体实际相结合、同中华优秀传统文化相结合，不断推进马克思主义中国化时代化，以创新的理论不断回答中国之问、世界之问、人民之问、时代之问，成功探索出走向胜利的正确道路。

二、习近平新时代中国特色社会主义思想的主要内容

党的二十大报告指出：推进马克思主义中国化时代化是一个追求真理、揭示真理、笃行真理的过程。十八大以来，国内外形势新变化和实践新要求，迫切需要我们从理论和实践的结合上深入回答关系党和国家事业发展、党治国理政的一系列重大时代课题。我们党勇于进行理论探索和创新，以全新的视野深化对共产党执政规律、社会主义建设规律、人类社会发展规律的认识，取得重大理论创新成果，集中体现为新时代中国特色社会主义思想。

中国特色社会主义进入新时代，以习近平同志为主要代表的中国共产党人创立了习近平新时代中国特色社会主义思想。习近平新时代中国特色社会主义思想科学回答了一系列重大时代课题，形成了系统全面、逻辑严密、内涵丰富、内在统一的科学理论体系，是当代中国马克思主义、21世纪马克思主义，是中华文化和中国精神的时代精

华，实现了马克思主义中国化时代化新的飞跃，为推进中国式现代化提供了强大理论支撑。

对于习近平新时代中国特色社会主义思想的主要内容，党的二十大报告指出：十九大、十九届六中全会提出的"十个明确"、"十四个坚持"、"十三个方面成就"概括了这一思想的主要内容，必须长期坚持并不断丰富发展。

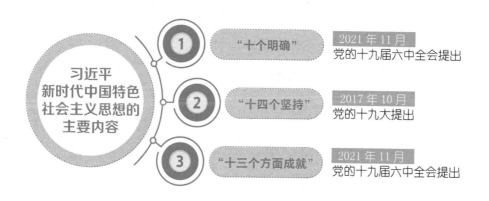

一是"十个明确"。党的十九届六中全会通过的《中共中央关于党的百年奋斗重大成就和历史经验的决议》，以"十个明确"对习近平新时代中国特色社会主义思想的核心内容作了系统概括：明确中国特色社会主义最本质的特征是中国共产党领导，中国特色社会主义制度的最大优势是中国共产党领导，中国共产党是最高政治领导力量，全党必须增强"四个意识"、坚定"四个自信"、做到"两个维护"；明确坚持和发展中国特色社会主义，总任务是实现社会主义现代化和中华民族伟大复兴，在全面建成小康社会的基础上，分两步走在本世纪中叶建成富强民主文明和谐美丽的社会主义现代化强国，以中国式现代化推进中华民族伟大复兴；明确新时代我国社会主要矛盾是人民日益增长的美好生活需要和不平衡不充分的发展之间的矛盾，必须坚持以人民为中心的发展思想，发展全过程人民民主，推动人的全面发

展、全体人民共同富裕取得更为明显的实质性进展；明确中国特色社会主义事业总体布局是经济建设、政治建设、文化建设、社会建设、生态文明建设五位一体，战略布局是全面建设社会主义现代化国家、全面深化改革、全面依法治国、全面从严治党四个全面；明确全面深化改革总目标是完善和发展中国特色社会主义制度、推进国家治理体系和治理能力现代化；明确全面推进依法治国总目标是建设中国特色社会主义法治体系、建设社会主义法治国家；明确必须坚持和完善社会主义基本经济制度，使市场在资源配置中起决定性作用，更好发挥政府作用，把握新发展阶段，贯彻创新、协调、绿色、开放、共享的新发展理念，加快构建以国内大循环为主体、国内国际双循环相互促进的新发展格局，推动高质量发展，统筹发展和安全；明确党在新时

 **深阅读**

一个民族要走在时代前列，就一刻不能没有理论思维，一刻不能没有正确思想指引。党的十八大以来，习近平总书记以马克思主义政治家、思想家、战略家的非凡理论勇气、卓越政治智慧、强烈使命担当，对关系新时代党和国家事业发展的一系列重大理论和重大实践问题进行了深邃思考和科学判断，形成了习近平新时代中国特色社会主义思想这一当代中国马克思主义、21世纪马克思主义。习近平新时代中国特色社会主义思想是中华文化和中国精神的时代精华，指引我们在非凡10年中取得历史性成就、实现历史性变革，也必将指引我们在奋进新征程上夺取新的更大胜利。

（摘编自《深刻领会习近平新时代中国特色社会主义思想的道理学理哲理》，央视网，2022年10月19日）

代的强军目标是建设一支听党指挥、能打胜仗、作风优良的人民军队，把人民军队建设成为世界一流军队；明确中国特色大国外交要服务民族复兴、促进人类进步，推动建设新型国际关系，推动构建人类命运共同体；明确全面从严治党的战略方针，提出新时代党的建设总要求，全面推进党的政治建设、思想建设、组织建设、作风建设、纪律建设，把制度建设贯穿其中，深入推进反腐败斗争，落实管党治党政治责任，以伟大自我革命引领伟大社会革命。

二是"十四个坚持"。党的十九大报告提出了新时代中国特色社会主义基本方略，并将其概括为"十四个坚持"：坚持党对一切工作的领导，坚持以人民为中心，坚持全面深化改革，坚持新发展理念，坚持人民当家作主，坚持全面依法治国，坚持社会主义核心价值体系，坚持在发展中保障和改善民生，坚持人与自然和谐共生，坚持总体国家安全观，坚持党对人民军队的绝对领导，坚持"一国两制"和推进祖国统一，坚持推动构建人类命运共同体，坚持全面从严治党。

三是"十三个方面成就"。党的十九届六中全会对新时代取得的巨大成就从以下 13 个方面进行了总结：在坚持党的全面领导上、在全面从严治党上、在经济建设上、在全面深化改革开放上、在政治建设上、在全面依法治国上、在文化建设上、在社会建设上、在生态文明建设上、在国防和军队建设上、在维护国家安全上、在坚持"一国两制"和推进祖国统一上、在外交工作上。

三、坚持和发展马克思主义的基本路径

党的二十大报告指出：中国共产党人深刻认识到，只有把马克思主义基本原理同中国具体实际相结合、同中华优秀传统文化相结合，坚持运用辩证唯物主义和历史唯物主义，才能正确回答时代和实践提

出的重大问题，才能始终保持马克思主义的蓬勃生机和旺盛活力。

实践发展永无止境，推进马克思主义中国化时代化也永无止境。要使马克思主义不断发挥实践伟力、不断焕发出新的生机活力，就不能搞教条主义，不能墨守成规，必须坚持把马克思主义基本原理同中国具体实际相结合、同中华优秀传统文化相结合，用马克思主义观察时代、把握时代、引领时代，在鲜活、生动的实践中思考解决现实问题之道，与时俱进丰富马克思主义，继续发展当代中国马克思主义、21世纪马克思主义，不断谱写马克思主义中国化时代化新篇章。

党的二十大报告把坚持和发展马克思主义的基本路径概括为"两个结合"。

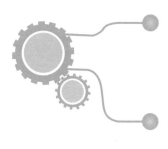

坚持和发展马克思主义的基本路径——"两个结合"

必须同中国具体实际相结合，不断回答中国之问、世界之问、人民之问、时代之问

必须同中华优秀传统文化相结合，不断赋予科学理论鲜明的中国特色，不断夯实马克思主义中国化时代化的历史基础和群众基础

一是坚持和发展马克思主义，必须同中国具体实际相结合。党的二十大报告指出：我们坚持以马克思主义为指导，是要运用其科学的世界观和方法论解决中国的问题，而不是要背诵和重复其具体结论和词句，更不能把马克思主义当成一成不变的教条。我们必须坚持解放思想、实事求是、与时俱进、求真务实，一切从实际出发，着眼解决新时代改革开放和社会主义现代化建设的实际问题，不断回答中国之问、世界之问、人民之问、时代之问，作出符合中国实际和时代要求

的正确回答，得出符合客观规律的科学认识，形成与时俱进的理论成果，更好指导中国实践。

中国具体实际是马克思主义中国化的丰厚土壤。中国革命、建设和改革为马克思主义的丰富和发展提供了强大支撑，马克思主义中国化时代化必须坚持与中国具体实际相结合，不断适应中国特色社会主义实践的新情况、总结中国特色社会主义实践的新成果，并利用这些理论成果更好地指导中国实践。

二是坚持和发展马克思主义，必须同中华优秀传统文化相结合。党的二十大报告指出：只有植根本国、本民族历史文化沃土，马克思主义真理之树才能根深叶茂。中华优秀传统文化源远流长、博大精深，是中华文明的智慧结晶，其中蕴含的天下为公、民为邦本、为政

延伸问答

问： 马克思主义传入中国后，为什么能在各种思潮的激荡竞争中被中国人民所选择？

答： 这不是偶然的，很重要的原因是科学社会主义价值观主张同中华优秀传统文化具有高度契合性。我们党在推进马克思主义中国化时代化的历史进程中，以马克思主义真理力量激活了源远流长的中华文明，使中华文明再次焕发出蓬勃的生机与活力。同时，中华优秀传统文化也使马克思主义获得丰富的文化滋养，中国化马克思主义具有鲜明的中国风格、中国气派。马克思主义同中华优秀传统文化相结合必将使我们党的理论与中华民族5000多年辉煌灿烂的文明更紧密地结合起来，获得无比充沛的思想文化资源，也必将使我们党的理论更深地扎根于中国的土地上，扎根于亿万人民的心中。

以德、革故鼎新、任人唯贤、天人合一、自强不息、厚德载物、讲信修睦、亲仁善邻等，是中国人民在长期生产生活中积累的宇宙观、天下观、社会观、道德观的重要体现，同科学社会主义价值观主张具有高度契合性。我们必须坚定历史自信、文化自信，坚持古为今用、推陈出新，把马克思主义思想精髓同中华优秀传统文化精华贯通起来、同人民群众日用而不觉的共同价值观念融通起来，不断赋予科学理论鲜明的中国特色，不断夯实马克思主义中国化时代化的历史基础和群众基础，让马克思主义在中国牢牢扎根。

中国化马克思主义离不开中国 5000 多年的悠久文明，中华优秀传统文化价值观同马克思主义的基本理论具有很多相通相合之处，只有把马克思主义的基本立场观点方法同中华优秀传统文化相结合，才能创造出适合中国人民精神特点和实践要求的中国化时代化的马克思主义，才能使马克思主义在中国结出丰硕果实。

四、习近平新时代中国特色社会主义思想的世界观和方法论

党的二十大报告指出：实践没有止境，理论创新也没有止境。不断谱写马克思主义中国化时代化新篇章，是当代中国共产党人的庄严历史责任。继续推进实践基础上的理论创新，首先要把握好新时代中国特色社会主义思想的世界观和方法论，坚持好、运用好贯穿其中的立场观点方法。

习近平新时代中国特色社会主义思想的世界观和方法论，是这一思想的灵魂和精髓。掌握好这些世界观和方法论，才能更加深刻准确全面理解习近平新时代中国特色社会主义思想，才能更好地运用这一思想把握发展规律、谋划事业蓝图、应对风险挑战。

习近平新时代中国特色社会主义思想的世界观和方法论："六个必须坚持"

- 必须坚持人民至上
- 必须坚持自信自立
- 必须坚持守正创新
- 必须坚持问题导向
- 必须坚持系统观念
- 必须坚持胸怀天下

党的二十大报告把习近平新时代中国特色社会主义思想的世界观和方法论概括为以下"六个必须坚持"。

一是必须坚持人民至上。党的二十大报告指出：人民性是马克思主义的本质属性，党的理论是来自人民、为了人民、造福人民的理论，人民的创造性实践是理论创新的不竭源泉。一切脱离人民的理论都是苍白无力的，一切不为人民造福的理论都是没有生命力的。我们要站稳人民立场、把握人民愿望、尊重人民创造、集中人民智慧，形成为人民所喜爱、所认同、所拥有的理论，使之成为指导人民认识世界和改造世界的强大思想武器。

要坚持以人民为中心的发展思想，坚持发展为了人民、发展依靠人民、发展成果由人民共享，把促进全体人民共同富裕摆在更加重要的位置，聚焦人民群众对美好生活的新向往新期待，聚焦群众急难愁盼的问题，用心用情用力解民忧，同人民想在一起、干在一起，纾民怨、暖民心，增进民生福祉，从人民群众创造的新经验新做法中汲取智慧和力量，保持党同人民群众的血肉联系，脚踏实地，久久为功，努力实现人的全面发展和社会全面进步。

二是必须坚持自信自立。党的二十大报告指出：中国人民和中华民族从近代以后的深重苦难走向伟大复兴的光明前景，从来就没有教科书，更没有现成答案。党的百年奋斗成功道路是党领导人民独立自主探索开辟出来的，马克思主义的中国篇章是中国共产党人依靠自身力量实践出来的，贯穿其中的一个基本点就是中国的问题必须从中国基本国情出发，由中国人自己来解答。我们要坚持对马克思主义的坚定信仰、对中国特色社会主义的坚定信念，坚定道路自信、理论自信、制度自信、文化自信，以更加积极的历史担当和创造精神为发展马克思主义作出新的贡献，既不能刻舟求剑、封闭僵化，也不能照抄照搬、食洋不化。

坚持我国社会主义的根本性质，坚持发挥党的领导这一最大优势，借鉴古今中外制度建设的有益成果，进一步彰显我国国家制度和国家治理体系各方面的显著优越性和巨大生命力，发挥中国特色社会主义制度具有的强大自我完善和自我发展功能。坚持独立自主、自力更生，坚定斗争意志，增强斗争本领，坚定不移走自己的路，坚持把国家和民族发展放在自己力量的基点上、把中国发展进步的命运牢牢掌握在自己手中，确保大政方针的稳定性和持续性。以正确的战略策略应变局、育新机、开新局，更好推动中国特色社会主义事业不断向前发展，让中国特色社会主义制度永葆生机活力。

三是必须坚持守正创新。党的二十大报告指出：我们从事的是前无古人的伟大事业，守正才能不迷失方向、不犯颠覆性错误，创新才能把握时代、引领时代。我们要以科学的态度对待科学、以真理的精神追求真理，坚持马克思主义基本原理不动摇，坚持党的全面领导不动摇，坚持中国特色社会主义不动摇，紧跟时代步伐，顺应实践发展，以满腔热忱对待一切新生事物，不断拓展认识的广度和深度，敢于说前人没有说过的新话，敢于干前人没有干过的事情，以新的理论守正创新充分揭示出马克思主义认识世界和改造世界的原则方法。守正创新中的"新"，通过主体守正和有目的的创造而获得，即合规律性与合目的性相统一的未来事物。因此，守正创新是指向未来、创造未来的认识和实践活动。就认识而言，守正创新要求主体立足并超越现实，把握事物发展规律，运用创造性思维，预见事物诸多可能性并对其进行价值认识，进而选择合乎需要的可能性作为目标，观念性地创造事物的未来理想形态以及实现理想形态的未来实践模型。就实践而言，守正创新是指在科学认识指导下，通过创造性实践，现实性地改变现存事物，促使事物走向并实现理想的未来结局。

（摘编自《深入理解守正创新的丰富内涵》，《中国社会科学报》2021年4月1日，作者：黄庭满）

指导新的实践。

坚持解放思想、实事求是、守正创新，更好把坚持马克思主义和发展马克思主义统一起来，坚持用马克思主义之"矢"去射新时代中国之"的"，不断在实践中总结新经验、形成新认识、取得新成果，继续推进马克思主义基本原理同中国具体实际相结合、同中华优秀传统文化相结合，既不走封闭僵化的老路，也不走改旗易帜的邪路，使马克思主义呈现出更多中国特色、中国风格、中国气派，在新时代伟大实践中不断开辟马克思主义中国化时代化新境界，续写马克思主义中国化时代化新篇章。

四是必须坚持问题导向。党的二十大报告指出：问题是时代的声音，回答并指导解决问题是理论的根本任务。今天我们所面临问题的复杂程度、解决问题的艰巨程度明显加大，给理论创新提出了全新要求。我们要增强问题意识，聚焦实践遇到的新问题、改革发展稳定存在的深层次问题、人民群众急难愁盼问题、国际变局中的重大问题、党的建设面临的突出问题，不断提出真正解决问题的新理念新思路新办法。

深刻认识和准确把握外部环境的深刻变化和我国改革发展稳定面临的新情况新问题新挑战，坚持强烈的问题意识、鲜明的问题导向，把主要精力用在发现、分析、破解事业发展中的矛盾和问题上，不断发现问题、筛选问题、研究问题、解决问题，把解决问题作为前进的动力、创新的起点，在不断化解问题中开创事业发展的新局面。

五是必须坚持系统观念。党的二十大报告指出：万事万物是相互联系、相互依存的。只有用普遍联系的、全面系统的、发展变化的观点观察事物，才能把握事物发展规律。我国是一个发展中大国，仍处于社会主义初级阶段，正在经历广泛而深刻的社会变革，推进改革

发展、调整利益关系往往牵一发而动全身。我们要善于通过历史看现实、透过现象看本质，把握好全局和局部、当前和长远、宏观和微观、主要矛盾和次要矛盾、特殊和一般的关系，不断提高战略思维、历史思维、辩证思维、系统思维、创新思维、法治思维、底线思维能力，为前瞻性思考、全局性谋划、整体性推进党和国家各项事业提供科学思想方法。

用系统观念统筹中华民族伟大复兴战略全局和世界百年未有之大变局，树立正确的历史观、大局观、角色观，深刻认识我国社会主要矛盾变化带来的新特征新要求，深刻认识错综复杂的国际环境带来的新矛盾新挑战，从历史逻辑、实践逻辑、理论逻辑相结合的高度把握历史规律、认识历史趋势、引领历史潮流，用发展而不是静止、全面而不是片面、系统而不是零散、联系而不是孤立的视角去认识问题、解决问题，把谋事和谋势、谋当下和谋未来统一起来，不断增强工作的系统性、预见性、创造性。

六是必须坚持胸怀天下。党的二十大报告指出：中国共产党是为中国人民谋幸福、为中华民族谋复兴的党，也是为人类谋进步、为世界谋大同的党。我们要拓展世界眼光，深刻洞察人类发展进步潮流，积极回应各国人民普遍关切，为解决人类面临的共同问题作出贡献，以海纳百川的宽阔胸襟借鉴吸收人类一切优秀文明成果，推动建设更加美好的世界。

坚持求同存异、聚同化异，坚持对话而不对抗、拆墙而不筑墙、融合而不脱钩、包容而不排他，推动建设相互尊重、公平正义、合作共赢的新型国际关系，为破解人类共同挑战开拓新思路、探索新路径，为推动世界持久和平发展、繁荣进步提供思想启迪。

第三讲

新时代新征程
中国共产党的使命任务

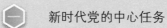 新时代党的中心任务

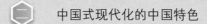 中国式现代化的中国特色

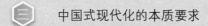 中国式现代化的本质要求

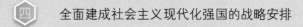 全面建成社会主义现代化强国的战略安排

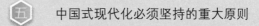 中国式现代化必须坚持的重大原则

党的二十大报告继党的十九届五中全会审议通过《中共中央关于制定国民经济和社会发展第十四个五年规划和二〇三五年远景目标的建议》之后，又一次全面详细论述了中国式现代化的中国特色，首次提出了中国式现代化的本质要求和需要坚持的重大原则。

一、新时代党的中心任务

党的二十大报告明确提出了新时代新征程党的中心任务，即"两个全面"：团结带领全国各族人民全面建成社会主义现代化强国、实现第二个百年奋斗目标，以中国式现代化全面推进中华民族伟大复兴。党的历史使命是实现中华民族伟大复兴，党的中心任务和党的历史使命既相互统一，又有所区别。党的中心任务是阶段性的，其时间跨度为党的二十大到本世纪中叶，而党的历史使命是党在长时期历史过程中需要长期坚持的。

现代化是一个世界性潮流，实现现代化是各国人民的共同向往，也是世界各国的普遍追求。现代政党的执政能力、领导水平，集中而鲜明地体现在其领导现代化进程的能力和水平上。

中国共产党团结带领 14 亿多中国人民在中国式现代化新道路上阔步前进，将从根本上扭转中华民族的历史命运，深刻影响世界现代化进程，对于实现中华民族伟大复兴，对于推动人类文明进步，都具有重大而深远的意义。

全面建设社会主义现代化国家的新征程已经开启，中国式现代化道路越走越宽广，只要我们坚持和加强党的全面领导，坚持以习近平新时代中国特色社会主义思想为指导，以更加昂扬的姿态奋进新征程、建功新时代，就一定能创造中国式现代化新的更大奇迹，为人类作出新的更大贡献，谱写全面建设社会主义现代化国家崭新篇章。

二、中国式现代化的中国特色

党的二十大报告指出：在新中国成立特别是改革开放以来长期探索和实践基础上，经过十八大以来在理论和实践上的创新突破，我们党成功推进和拓展了中国式现代化。

中国共产党把实现现代化作为念兹在兹的历史宏愿。新中国成立以后，党带领全国各族人民对中国现代化建设进行了艰辛探索。1954年9月，周恩来在一届全国人大一次会议上所作的《政府工作报告》中就明确指出："如果我们不建设起强大的现代化的工业、现代化的农业、现代化的交通运输业和现代化的国防，我们就不能摆脱落后和贫困，我们的革命就不能达到目的。"1964年12月，周恩来在三届全国人大一次会议上所作的《政府工作报告》中再次提出："从第三个五年计划开始，我国的国民经济发展，可以按两步来考虑：第一步，建立一个独立的比较完整的工业体系和国民经济体系；第二步，全面实现农业、工业、国防和科学技术的现代化，使我国经济走在世界的前列。"

改革开放后，邓小平强调："我们从八十年代的第一年开始，就必须一天也不耽误，专心致志地、聚精会神地搞四个现代化建设。"他提出了"三步走"战略，即到20世纪80年代末解决人民温饱问题，到20世纪末使人民生活达到小康水平，到21世纪中叶基本实现现代化，达到中等发达国家水平。此后，党的十八大又提出，在中国共产党成立 100 年时全面建成小康社会，在新中国成立 100 年时建成富强民主文明和谐的社会主义现代化国家。党的十九大站在新的更高的历史起点上，对实现第二个百年奋斗目标作出分两个阶段推进的战略安排，提出到 2035 年基本实现社会主义现代化，到本世纪中叶全面建

党领导人民成功走出中国式现代化道路

把我国建设成为一个具有现代农业、现代工业、现代国防和现代科学技术的社会主义强国

1964年提出"四个现代化"

把实现"小康社会"作为阶段性目标，到21世纪中叶，基本实现现代化

1987年提出"三步走"战略安排

1997年提出"新三步走"发展战略

以2010年、中国共产党成立100年和新中国成立100年为时间节点的"新三步走"发展战略，到21世纪中叶新中国成立100年时，基本实现现代化，建成富强民主文明的社会主义国家

2002年提出全面建设小康社会的奋斗目标

2017年提出"两个阶段"战略安排

2022年提出"两步走"战略安排

到本世纪中叶基本实现现代化，把我国建设成富强民主文明的社会主义国家

到2035年基本实现社会主义现代化，到本世纪中叶把我国建成富强民主文明和谐美丽的社会主义现代化强国

再次明确到2035年基本实现社会主义现代化，到本世纪中叶把我国建成富强民主文明和谐美丽的社会主义现代化强国

成富强民主文明和谐美丽的社会主义现代化强国。

我国建设的社会主义现代化具有许多新的重要特征。邓小平指出："我们搞的现代化，是中国式的现代化。我们建设的社会主义，是有中国特色的社会主义。"世界上既不存在定于一尊的现代化模式，也不存在放之四海而皆准的现代化标准。多年来，我们党带领全国各族人民推动物质文明、政治文明、精神文明、社会文明、生态文明协调发展，创造了中国式现代化道路，创造了人类文明新形态。中国式现代化道路的形成和拓展，彰显了中国特色社会主义的强大生命力和巨大优越性，开辟了发展中国家走向现代化的新途径。中国式现代化既切合中国实际，体现了社会主义建设规律，也符合世界发展趋势，体现了人类社会发展的普遍规律。在中国式现代化道路上，我国用几十年时间走完了发达国家几百年走过的工业化历程，中华民族迎来了从站起来、富起来到强起来的伟大飞跃。

党的二十大报告指出：中国式现代化，是中国共产党领导的社会主义现代化，既有各国现代化的共同特征，更有基于自己国情的中国特色。它具有以下5个方面的鲜明特征。

第一，中国式现代化是人口规模巨大的现代化。党的二十大报告指出：我国14亿多人口整体迈进现代化社会，规模超过现有发达国家人口的总和，艰巨性和复杂性前所未有，发展途径和推进方式也必然具有自己的特点。我们始终从国情出发想问题、作决策、办事情，既不好高骛远，也不因循守旧，保持历史耐心，坚持稳中求进、循序渐进、持续推进。

我国总人口比世界上发达国家和地区的总人口还要多，14亿多人口整体迈进现代化社会，其发展任务之重、协调难度之大、潜在优势之强前所未有。我国整体迈入现代化社会，将彻底改写现代化的世界版图，成为人类历史上一件有深远影响的大事。

第二，中国式现代化是全体人民共同富裕的现代化。党的二十大报告指出：共同富裕是中国特色社会主义的本质要求，也是一个长期的历史过程。我们坚持把实现人民对美好生活的向往作为现代化建设的出发点和落脚点，着力维护和促进社会公平正义，着力促进全体人民共同富裕，坚决防止两极分化。

贫富差距过大是阻碍各国现代化发展的重要因素，如何在发展中缩小贫富差距是一个世界性难题。全面建设社会主义现代化国家，一个地区、一个民族都不能落下。中国式现代化坚持以人民为中心的发展思想，坚持人民主体地位，尊重人民首创精神，坚持发展为了人民、发展依靠人民、发展成果由人民共享，扎实推动共同富裕。通过全国人民共同奋斗把"蛋糕"做大做好，通过合理的制度安排把"蛋糕"切好分好，自觉主动解决地区差距、城乡差距、收入分配差距，使现代化进程具有了强劲的内驱力。

第三，中国式现代化是物质文明和精神文明相协调的现代化。党的二十大报告指出：物质富足、精神富有是社会主义现代化的根本要求。物质贫困不是社会主义，精神贫乏也不是社会主义。我们不断厚

 权威评论

林建华（中国社会科学院马克思主义研究院副院长、教授）：实现中华民族伟大复兴，在宽广的世界视野中，就是使中华民族重现曾经拥有的辉煌、屹立于世界民族之林、引领时代浩荡潮流；在悠远的历史视野中，就是使中华民族重新形塑自己的面貌。全面建设社会主义现代化国家、实现中华民族伟大复兴与中国式现代化紧密相连。中国式现代化是中国共产党领导的社会主义现代化，是全面建设社会主义现代化国家、实现中华民族伟大复兴的新途和正道，是必由之路和康庄大道。

植现代化的物质基础，不断夯实人民幸福生活的物质条件，同时大力发展社会主义先进文化，加强理想信念教育，传承中华文明，促进物的全面丰富和人的全面发展。

中国式现代化坚持弘扬社会主义核心价值观，加强理想信念教育，用中华优秀传统文化、革命文化、社会主义先进文化培根铸魂、启智润心，推进文明实践、文明培育、文明创建，不断提升人民思想觉悟、道德水准、文明素养，更好构筑中国精神、中国价值、中国力量，促进人民物质生活和精神生活共同富裕。

第四，中国式现代化是人与自然和谐共生的现代化。党的二十大报告指出：人与自然是生命共同体，无止境地向自然索取甚至破坏自然必然会遭到大自然的报复。我们坚持可持续发展，坚持节约优先、保护优先、自然恢复为主的方针，像保护眼睛一样保护自然和生态环境，坚定不移走生产发展、生活富裕、生态良好的文明发展道路，实现中华民族永续发展。

中国式现代化注重同步推进物质文明建设和生态文明建设，尊重自然、顺应自然、保护自然，加快发展方式绿色转型，提升生态系统多样性、稳定性、持续性，走一条生产发展、生活富裕、生态良好的文明发展道路，既创造更多物质财富和精神财富以满足人民日益增长的美好生活需要，也提供更多优质生态产品以满足人民日益增长的优美生态环境需要，让良好生态造福人民、泽被子孙。

第五，中国式现代化是走和平发展道路的现代化。党的二十大报告指出：我国不走一些国家通过战争、殖民、掠夺等方式实现现代化的老路，那种损人利己、充满血腥罪恶的老路给广大发展中国家人民带来深重苦难。我们坚定站在历史正确的一边、站在人类文明进步的一边，高举和平、发展、合作、共赢旗帜，在坚定维护世界和平与发展中谋求自身发展，又以自身发展更好维护世界和平与发展。

一些老牌资本主义国家走的是暴力掠夺的现代化道路，是以牺牲其他国家利益为代价的现代化。与"弱肉强食"式的西方现代化不同，中国式现代化，从不输出殖民、战争和冲突，完全以和平、合作与共赢方式推进。中国式现代化秉持共商共建共享理念，强调同世界各国互利共赢，弘扬和平、发展、公平、正义、民主、自由的全人类共同价值，积极推动构建人类命运共同体，在发展自身的同时造福世界，不断为世界和平与发展注入强大正能量，在平等参与、包容普惠中创造发展新机遇、谋求发展新动力，始终做世界和平的建设者、全球发展的贡献者、国际秩序的维护者、公共产品的提供者，努力为人类和平与发展作出贡献。

三、中国式现代化的本质要求

党的二十大报告指出：中国式现代化的本质要求是：坚持中国共产党领导，坚持中国特色社会主义，实现高质量发展，发展全过程人民民主，丰富人民精神世界，实现全体人民共同富裕，促进人与自然

中国式现代化的本质要求

- ✓ 坚持中国共产党领导
- ✓ 坚持中国特色社会主义
- ✓ 实现高质量发展
- ✓ 发展全过程人民民主
- ✓ 丰富人民精神世界

- ✓ 实现全体人民共同富裕
- ✓ 促进人与自然和谐共生
- ✓ 推动构建人类命运共同体
- ✓ 创造人类文明新形态

和谐共生，推动构建人类命运共同体，创造人类文明新形态。

中国式现代化本质要求的概括提出，是中国特色社会主义理论的重大创新。本质要求的内容联系紧密、内在贯通，蕴含了我们党治国理政的成功经验，是推进中国式现代化的根本遵循。以这一重要创新理论为指导，中国式现代化的战略方向更加明确、战略目标更加完善、战略步骤更加科学、战略路径更加清晰、战略规划更加完备。

四、全面建成社会主义现代化强国的战略安排

（一）2035 年的目标任务

党的二十大报告指出：全面建成社会主义现代化强国，总的战略安排是分两步走：从 2020 年到 2035 年基本实现社会主义现代化；从 2035 年到本世纪中叶把我国建成富强民主文明和谐美丽的社会主义现代化强国。

到 2035 年，我国发展的总体目标是：经济实力、科技实力、综合国力大幅跃升，人均国内生产总值迈上新的大台阶，达到中等发达国家水平；实现高水平科技自立自强，进入创新型国家前列；建成现代化经济体系，形成新发展格局，基本实现新型工业化、信息化、城镇化、农业现代化；基本实现国家治理体系和治理能力现代化，全过程人民民主制度更加健全，基本建成法治国家、法治政府、法治社会；建成教育强国、科技强国、人才强国、文化强国、体育强国、健康中国，国家文化软实力显著增强；人民生活更加幸福美好，居民人均可支配收入再上新台阶，中等收入群体比重明显提高，基本公共服务实现均等化，农村基本具备现代生活条件，社会保持长期稳定，人的全面发展、全体人民共同富裕取得更为明显的实质性进展；广泛形

成绿色生产生活方式，碳排放达峰后稳中有降，生态环境根本好转，美丽中国目标基本实现；国家安全体系和能力全面加强，基本实现国防和军队现代化。

在基本实现现代化的基础上，我们要继续奋斗，到本世纪中叶，把我国建设成为综合国力和国际影响力领先的社会主义现代化强国。

这一"两步走"战略安排是党的十九大首次提出的。党的十九大报告对实现第二个百年奋斗目标作出上述分两个阶段推进的战略安排。对第一阶段即到 2035 年的目标任务，党的十九大报告和党的十九届五中全会通过的"十四五"规划建议都分别作了详细描述，党的二十大报告又在此基础上作了进一步充实和完善。

（二）未来 5 年的目标任务

党的二十大报告指出：未来 5 年是全面建设社会主义现代化国家开局起步的关键时期，主要目标任务是：经济高质量发展取得新突破，科技自立自强能力显著提升，构建新发展格局和建设现代化经济体系取得重大进展；改革开放迈出新步伐，国家治理体系和治理能力现代化深入推进，社会主义市场经济体制更加完善，更高水平开放型经济新体制基本形成；全过程人民民主制度化、规范化、程序化水平进一步提高，中国特色社会主义法治体系更加完善；人民精神文化生活更加丰富，中华民族凝聚力和中华文化影响力不断增强；居民收入增长和经济增长基本同步，劳动报酬提高与劳动生产率提高基本同步，基本公共服务均等化水平明显提升，多层次社会保障体系更加健全；城乡人居环境明显改善，美丽中国建设成效显著；国家安全更为巩固，建军 100 年奋斗目标如期实现，平安中国建设扎实推进；中国国际地位和影响进一步提高，在全球治理中发挥更大作用。

五、中国式现代化必须坚持的重大原则

党的二十大报告指出：全面建设社会主义现代化国家，是一项伟大而艰巨的事业，前途光明，任重道远。

国际方面，党的二十大报告指出：当前，世界百年未有之大变局加速演进，新一轮科技革命和产业变革深入发展，国际力量对比深刻调整，我国发展面临新的战略机遇。同时，世纪疫情影响深远，逆全球化思潮抬头，单边主义、保护主义明显上升，世界经济复苏乏力，局部冲突和动荡频发，全球性问题加剧，世界进入新的动荡变革期。

国际形势的不稳定性不确定性明显增加。经济全球化遭遇逆流，国际经济、科技、文化、安全、政治等格局都在发生深刻复杂变化，民粹主义、排外主义抬头，单边主义、保护主义、霸权主义对世界和平与发展构成威胁。

国内方面，党的二十大报告指出：我国改革发展稳定面临不少深层次矛盾躲不开、绕不过，党的建设特别是党风廉政建设和反腐败斗争面临不少顽固性、多发性问题，来自外部的打压遏制随时可能升级。我国发展进入战略机遇和风险挑战并存、不确定难预料因素增多的时期，各种"黑天鹅"、"灰犀牛"事件随时可能发生。

我国发展不平衡不充分问题仍然突出，各地区各领域各方面发展存在失衡现象，全面建成社会主义现代化强国还有相当长的路要走。农业基础还不稳固，创新能力不适应高质量发展要求，城乡区域发展和收入分配差距较大，生态环保任重道远，民生保障存在短板，社会治理还有弱项，党的建设还需深入扎实推进。

为此，党的二十大报告指出：我们必须增强忧患意识，坚持底线思维，做到居安思危、未雨绸缪，准备经受风高浪急甚至惊涛骇浪的重大考验。前进道路上，必须牢牢把握以下重大原则。

一是坚持和加强党的全面领导。党的二十大报告指出：坚决维护党中央权威和集中统一领导，把党的领导落实到党和国家事业各领域各方面各环节，使党始终成为风雨来袭时全体人民最可靠的主心骨，确保我国社会主义现代化建设正确方向，确保拥有团结奋斗的强大政治凝聚力、发展自信心，集聚起万众一心、共克时艰的磅礴力量。

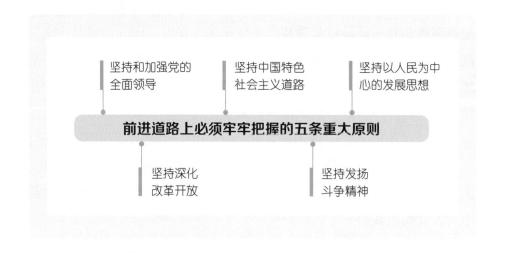

中国共产党领导是中国特色社会主义最本质的特征，是中国特色社会主义制度的最大优势，是党和国家的根本所在、命脉所在，是全国各族人民的利益所系、命运所系。中国特色社会主义制度是一个严密完整的科学制度体系，起四梁八柱作用的是根本制度、基本制度、重要制度，党的领导制度具有统领地位，是我国的根本领导制度。党政军民学，东西南北中，党是领导一切的，是最高政治领导力量。中国式现代化道路必须坚持党的全面领导，不断完善党的领导，充分发挥党总揽全局、协调各方的领导核心作用。党的领导必须是全面的、系统的、整体的，把党的领导落实到现代化建设的各领域各方面各环节，着力提高党把方向、谋大局、定政策、促改革的能力和定力。

二是坚持中国特色社会主义道路。党的二十大报告指出：坚持以经济建设为中心，坚持四项基本原则，坚持改革开放，坚持独立自主、自力更生，坚持道不变、志不改，既不走封闭僵化的老路，也不走改旗易帜的邪路，坚持把国家和民族发展放在自己力量的基点上，坚持把中国发展进步的命运牢牢掌握在自己手中。

走自己的路，是中国共产党的全部理论和实践的根本立足点，更是党在百年奋斗历程中得出的宝贵历史经验。纵观世界历史发展的进程，没有哪一个国家、哪一个民族是通过完全照搬外国发展模式而发展壮大的。中国式现代化根植于中国特色社会主义道路，依靠中国人民、扎根中华大地，是中国实现社会主义现代化的必由之路。历史和实践已经证明，中国共产党领导中国人民不仅创造了世所罕见的经济快速发展和社会长期稳定两大奇迹，而且成功探索形成了中国式现代化道路，实现了前无古人的历史性创举。中国式现代化道路摒弃了西方以资本为中心的发展理念、两极分化的发展模式、对外掠夺的发展手段，为广大发展中国家拓展了实现现代化的途径，为人类构建更加美好的社会制度贡献了中国智慧和中国方案。无论遇到任何外部风浪，在坚持中国特色社会主义道路这个根本问题上都决不能有丝毫动摇，更不能改弦更张，必须一以贯之。中国特色社会主义道路是当代中国发展的唯一康庄大道，中国人民在自己选择的正确道路上坚定向前，就一定能够全面建成富强民主文明和谐美丽的社会主义现代化强国。

三是坚持以人民为中心的发展思想。党的二十大报告指出：维护人民根本利益，增进民生福祉，不断实现发展为了人民、发展依靠人民、发展成果由人民共享，让现代化建设成果更多更公平惠及全体人民。

毛泽东曾经指出："共产党人的一切言论行动，必须以合乎最广大人民群众的最大利益，为最广大人民群众所拥护为最高标准。"我们党没有自己特殊的利益，党的一切奋斗都是为了人民的利益。立党

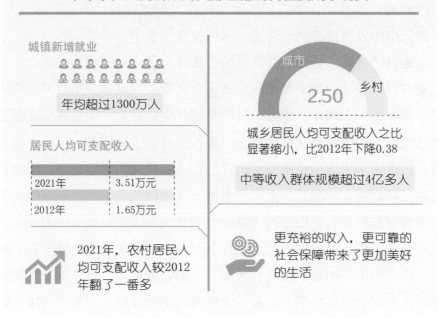

十年来，人民群众对美好生活的向往变成了现实

城镇新增就业

年均超过1300万人

居民人均可支配收入

| 2021年 | 3.51万元 |
| 2012年 | 1.65万元 |

2021年，农村居民人均可支配收入较2012年翻了一番多

城市

2.50 乡村

城乡居民人均可支配收入之比显著缩小，比2012年下降0.38

中等收入群体规模超过4亿多人

更充裕的收入，更可靠的社会保障带来了更加美好的生活

数据来源：国家统计局

为公、执政为民，是我们党性质、宗旨和初心使命的本质体现。100多年来，中国共产党恪守为中国人民谋幸福的初心，把实现现代化作为自己的使命担当，把以人民为中心贯穿中国式现代化全过程。改革开放初期，为了不断满足人民日益增长的物质文化生活需要，邓小平用"小康"来诠释中国式现代化，明确建设小康社会的目标。伴随中国式现代化的推进，"小康社会"内涵不断丰富、标准不断提升。党的十八大以来，以习近平同志为核心的党中央带领全国各族人民完成了全面建成小康社会的历史性任务，取得举世瞩目的重大胜利，人民群众从切身经历中感受到中国式现代化带来的巨大福祉。2035年和本世纪中叶的发展目标，也都深刻体现了我们党以人民为中心的发展思想。坚持以人民为中心的发展思想，必将激发起全国人民的巨大奋

斗精神，凝聚起推进中国式现代化的磅礴伟力。

四是坚持深化改革开放。党的二十大报告指出：深入推进改革创新，坚定不移扩大开放，着力破解深层次体制机制障碍，不断彰显中国特色社会主义制度优势，不断增强社会主义现代化建设的动力和活力，把我国制度优势更好转化为国家治理效能。

习近平总书记强调："在整个社会主义现代化进程中，我们都要高举改革开放的旗帜，决不能有丝毫动摇。"党的十一届三中全会以来的历史充分表明，改革开放是决定实现"两个一百年"奋斗目标、实现中华民族伟大复兴的关键一招。当今世界，百年变局和世纪疫情交互叠加，我国现代化道路上所面临的形势环境变化之快、改革发展稳定任务之重、矛盾风险挑战之多，世所罕见、史所罕见。只有坚定不移推进改革，坚定不移扩大开放，加强国家治理体系和治理能力现代化建设，破解体制障碍、优化资源配置，才能充分调动全社会建设现代化的积极性。一方面，要坚定不移推进改革，以更大的政治勇气和智慧，更加注重改革的系统性、整体性、协同性，不失时机、蹄疾步稳深化重要领域和关键环节改革，提高改革综合效能；另一方面，要坚定不移扩大开放，在开放中创造机遇，在合作中破解难题，同世界各国一道实现互利共赢，为全面建设社会主义现代化国家新征程注入不竭动力。与时俱进完善和发展中国特色社会主义制度和国家治理体系，推动"中国之治"迈向更高境界。

五是坚持发扬斗争精神。党的二十大报告指出：增强全党全国各族人民的志气、骨气、底气，不信邪、不怕鬼、不怕压，知难而进、迎难而上，统筹发展和安全，全力战胜前进道路上各种困难和挑战，依靠顽强斗争打开事业发展新天地。

习近平总书记强调："新的征程上，我们面临的风险考验只会越来越复杂，甚至会遇到难以想象的惊涛骇浪。我们面临的各种斗争不是短期的而是长期的，将伴随实现第二个百年奋斗目标全过程。""船

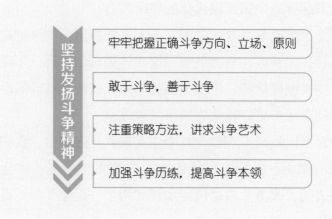

坚持发扬斗争精神

- 牢牢把握正确斗争方向、立场、原则
- 敢于斗争，善于斗争
- 注重策略方法，讲求斗争艺术
- 加强斗争历练，提高斗争本领

到中流浪更急，人到半山路更陡"，在未来的现代化道路上，我们党要团结带领人民有效抵御重大风险、应对重大挑战、解决重大矛盾、克服重大阻力，必须进行具有许多新的历史特点的伟大斗争。敢于斗争、敢于胜利，是党和人民不可战胜的强大精神力量。100多年来党取得的一切成就，不是天上掉下来的，不是别人恩赐的，而是通过不断斗争取得的。迈上全面建设社会主义现代化国家新征程，必须永葆不畏强敌、不惧风险、敢于斗争、勇于胜利的风骨和品质。面对现代化道路上的困难和阻力、风险和挑战，既不能遮掩逃避、视而不见，也不能惶恐失措、阵脚大乱，唯有主动迎战、坚决斗争才能破浪前行、赢得发展。

党的二十大报告指出：今天，我们比历史上任何时期都更接近、更有信心和能力实现中华民族伟大复兴的目标，同时必须准备付出更为艰巨、更为艰苦的努力。全党必须坚定信心、锐意进取，主动识变应变求变，主动防范化解风险，不断夺取全面建设社会主义现代化国家新胜利！

第四讲

加快构建新发展格局，着力推动高质量发展

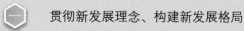
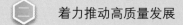
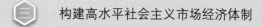
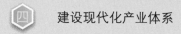
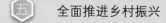
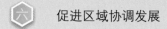
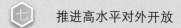

党的二十大报告指出：高质量发展是全面建设社会主义现代化国家的首要任务。发展是党执政兴国的第一要务。没有坚实的物质技术基础，就不可能全面建成社会主义现代化强国。

一、贯彻新发展理念、构建新发展格局

党的二十大报告指出：必须完整、准确、全面贯彻新发展理念，坚持社会主义市场经济改革方向，坚持高水平对外开放，加快构建以国内大循环为主体、国内国际双循环相互促进的新发展格局。

习近平总书记在党的十八届五中全会上正式提出新发展理念，在随后的省部级主要领导干部学习贯彻党的十八届五中全会精神专题研讨班上的讲话中，习近平总书记又对新发展理念的内涵和实践要求作了系统阐述。2020年4月10日，在中央财经委员会第七次会议上，习近平总书记强调要构建以国内大循环为主体、国内国际双循环相互促进的新发展格局。党的十九届五中全会提出，全面建成小康社会、实现第一个百年奋斗目标之后，我们要乘势而上开启全面建设社会主义现代化国家新征程、向第二个百年奋斗目标进军，这标志着我国进入了一个新发展阶段。由此，贯彻新发展理念与立足新发展阶段、构建新发展格局形成了互相联系的整体。

进入新发展阶段、贯彻新发展理念、构建新发展格局，是由我国经济社会发展的理论逻辑、历史逻辑、现实逻辑决定的，三者紧密关

何立峰（中共中央政治局委员，国家发展和改革委员会主任、党组书记）：着力构建新发展格局。把实施扩大内需战略同深化供给侧结构性改革有机结合起来，增强国内大循环内生动力和可靠性。坚持扩大内需这个战略基点，增强消费对经济发展的基础性作用和投资对优化供给结构的关键作用，加快形成国内大市场。深化供给侧结构性改革，在提高供给体系质量、畅通经济循环上下更大功夫，形成需求牵引供给、供给创造需求的更高水平动态平衡。在积极扩大内需的同时努力稳定外需，提升国际循环质量和水平。

联。进入新发展阶段明确了我国发展的历史方位，贯彻新发展理念明确了我国现代化建设的指导原则，构建新发展格局明确了我国经济现代化的路径选择。

理念是行动的先导。发展理念具有战略性、纲领性、引领性，是发展思路、发展方向、发展着力点的集中体现。创新、协调、绿色、开放、共享的新发展理念，是在深刻分析国内外发展大势和我国经济社会发展存在问题的基础上总结提出的，也是在深刻总结国内外发展经验教训的基础上提炼形成的，集中反映了我们党对经济社会发展规律认识的深化。新发展理念是一个系统的理论体系：创新发展注重的是解决发展动力问题，协调发展注重的是解决发展不平衡问题，绿色发展注重的是解决人与自然和谐问题，开放发展注重的是解决发展内外联动问题，共享发展注重的是解决社会公平正义问题。

新发展理念阐明了我们党关于发展的政治立场、价值导向、发展模式、发展道路等重大问题，回答了发展的目的、路径、动力、方式等一系列理论和实践问题。贯彻新发展理念是关系我国发展全局的一

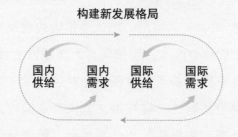

准确理解和深刻把握新发展格局

构建新发展格局

国内供给　国内需求　国际供给　国际需求

✓ 把握发展主动权的先手棋　　　✗ 被迫之举和权宜之计

✓ 开放的国内国际双循环　　　　✗ 封闭的国内单循环

✓ 全国统一大市场基础上的　　　✗ 各地都搞自我小循环
　国内大循环为主体

场深刻变革，必须切实增强贯彻新发展理念的政治定力和内生动力，从推进现代化建设的新要求和经济社会发展的大趋势提高贯彻新发展理念的自觉性。坚持把新发展理念作为指导新发展阶段我国发展的科学方法论，将其运用到全面建设社会主义现代化国家的实践之中，做到崇尚创新、注重协调、倡导绿色、厚植开放、推进共享。

构建新发展格局是立足当前、着眼长远的战略谋划，是适应我国经济社会发展新的阶段性特征、塑造国际合作和竞争新优势的必然选择。必须认识到，新发展格局是把握发展主动权的先手棋，不是被迫之举和权宜之计；是开放的国内国际双循环，不是封闭的国内单循环；是全国统一大市场基础上的国内大循环为主体，不是各地都搞自我小循环。构建新发展格局必须坚定不移贯彻新发展理念。

二、着力推动高质量发展

党的二十大报告指出：我们要坚持以推动高质量发展为主题，把实施扩大内需战略同深化供给侧结构性改革有机结合起来，增强国内大循环内生动力和可靠性，提升国际循环质量和水平，加快建设现代化经济体系，着力提高全要素生产率，着力提升产业链供应链韧性和安全水平，着力推进城乡融合和区域协调发展，推动经济实现质的有效提升和量的合理增长。

（一）推动高质量发展

新时代我国经济发展的基本特征，就是我国经济已由高速增长阶段转向高质量发展阶段。高质量发展，就是能够很好满足人民日益

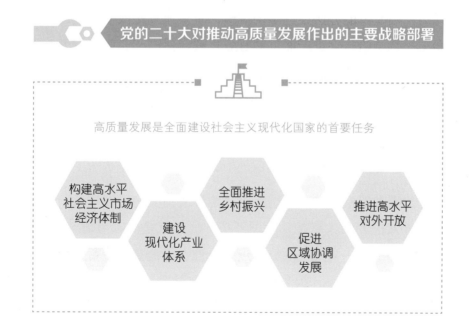

党的二十大对推动高质量发展作出的主要战略部署

高质量发展是全面建设社会主义现代化国家的首要任务

构建高水平社会主义市场经济体制

建设现代化产业体系

全面推进乡村振兴

促进区域协调发展

推进高水平对外开放

增长的美好生活需要的发展，是体现新发展理念的发展，是创新成为第一动力、协调成为内生特点、绿色成为普遍形态、开放成为必由之路、共享成为根本目的的发展。坚持以高质量发展为主题，推动经济向形态更高级、分工更复杂、结构更合理的阶段演化。

（二）深化供给侧结构性改革

供给和需求是市场经济的两个基本方面，是既对立又统一的辩证关系。没有需求，供给就无从得到实现，新的需求可以催生新的供给；没有供给，需求就无法得到满足，新的供给可以引发新的需求。

当前，我国经济发展的最突出问题是有效供给不足带来的结构性失衡问题。因此，必须坚持供给侧结构性改革的战略方向，通过优化要素配置和调整生产结构来提高供给体系质量和效率，提升供给体系对国内需求的适配性，打通经济循环堵点，提升产业链供应链的完整性，使国内市场成为最终需求的主要来源，实现由低水平供需平衡向高水平供需平衡跃升。供给侧结构性改革，就是要解放和发展社会生产力，用改革的办法推进结构调整，减少无效和低端供给，扩大有效和中高端供给，促进产能过剩有效化解，促进产业优化重组，降低企业成本，发展战略性新兴产业和现代服务业，增加公共产品和服务供给，增强供给结构对需求变化的适应性和灵活性，提高全要素生产率。

（三）实施扩大内需战略

构建新发展格局的一个重要支撑是形成强大的国内市场，这也是我国经济发展的最大依托，大国经济的优势就是内部可循环。因此，要牢牢把握扩大内需这一战略基点，合理引导消费、储蓄、投资，加快培育完整内需体系，提升传统消费，鼓励发展消费新模式新业态，畅通经济循环中的堵点、断点，促进各种生产要素组合在各环节有机衔接，使生产、分配、流通、消费等环节更多依托国内市场实现良性循环，促进总供给和总需求在更高水平上实现动态平衡。

三、构建高水平社会主义市场经济体制

党的二十大报告指出：坚持和完善社会主义基本经济制度，毫不动摇巩固和发展公有制经济，毫不动摇鼓励、支持、引导非公有制经济发展，充分发挥市场在资源配置中的决定性作用，更好发挥政府作用。

（一）优化企业布局

党的二十大报告指出：深化国资国企改革，加快国有经济布局优化和结构调整，推动国有资本和国有企业做强做优做大，提升企业核心竞争力。优化民营企业发展环境，依法保护民营企业产权和企业家权益，促进民营经济发展壮大。完善中国特色现代企业制度，弘扬企业家精神，加快建设世界一流企业。支持中小微企业发展。深化简政放权、放管结合、优化服务改革。

围绕服务国家战略，完善国有资本和国有经济结构布局，推动国有经济、国有资本和国有企业布局优化、结构调整和战略性重组，推动国有经济向关系国家安全、国民经济命脉和国计民生的重要行业和关键领域集中，培育一批在国际资源配置中占主导地位的领军企业。完善国有资产管理体制，形成更加符合中国特色社会主义新时代要求的国有资产管理体制、现代企业制度和市场化经营机制，有效发挥国有经济的整体功能和作用。

营造有利于民营经济发展的公平环境，在市场准入、要素保障、技术创新、投融资等方面，努力破除政策执行当中可能存在的隐性壁

构建高水平社会主义市场经济体制

优化企业布局
- 深化国资国企改革
- 完善中国特色现代企业制度
- 深化简政放权、放管结合、优化服务改革
- 优化民营企业发展环境
- 支持中小微企业发展

完善市场机制
- 建设高标准市场体系
- 完善市场经济基础制度

健全宏观调控
- 健全宏观经济治理体系
- 深化金融体制改革
- 加强反垄断和反不正当竞争
- 健全现代预算制度
- 健全资本市场功能

垒，着力营造公平竞争的政策环境和市场环境，充分激发非公有制的经济活力和创造力。

发挥好中小微企业在促进增长、保障就业、改善民生等方面的重要作用，培育一大批专注创新能力、深耕细分市场的优质中小微企业。继续深化"放管服"改革，提高经济社会运行效率。

（二）完善市场机制

党的二十大报告指出：构建全国统一大市场，深化要素市场化改革，建设高标准市场体系。完善产权保护、市场准入、公平竞争、社会信用等市场经济基础制度，优化营商环境。

加快建设高效规范、公平竞争、充分开放的全国统一大市场，要更加注重生产要素之间的匹配与互动，打通我国经济运行中生产、分配、流通、消费之间及其内部制约国内循环的瓶颈，打破行业垄断和地方保护，在全国范围实行统一的产权保护制度、市场准入制度、公

平竞争制度、社会信用制度。消除低层次重复建设和过度同质竞争，促进区域经济循环、城乡经济循环。健全统一市场监管规则，强化统一市场监管执法，更好发挥各地比较优势，实现以全国统一大市场集聚资源、推动增长、激励创新、优化分工、促进竞争，促进商品和资源要素在更大范围畅通流动。

（三）健全宏观调控

党的二十大报告指出：健全宏观经济治理体系，发挥国家发展规划的战略导向作用，加强财政政策和货币政策协调配合，着力扩大内需，增强消费对经济发展的基础性作用和投资对优化供给结构的关键作用。健全现代预算制度，优化税制结构，完善财政转移支付体系。深化金融体制改革，建设现代中央银行制度，加强和完善现代金融监管，强化金融稳定保障体系，依法将各类金融活动全部纳入监管，守住不发生系统性风险底线。健全资本市场功能，提高直接融资比重。加强反垄断和反不正当竞争，破除地方保护和行政性垄断，依法规范和引导资本健康发展。

一是发挥中长期规划对经济社会持续健康发展的指导作用，确保

**深阅读**

《中共中央关于制定国民经济和社会发展第十四个五年规划和二〇三五年远景目标的建议》指出："健全以国家发展规划为战略导向，以财政政策和货币政策为主要手段，就业、产业、投资、消费、环保、区域等政策紧密配合，目标优化、分工合理、高效协同的宏观经济治理体系。"

（摘编自《人民日报》2020年11月4日）

国家战略目标、战略任务和战略意图的实现。

二是强化财政政策的再分配功能和激励作用，调整优化财政支出结构，更好发挥中央、地方和各方面积极性，增强基本公共服务保障能力，加大对解决经济社会发展中不平衡、不充分问题的财政支持力度，科学实施结构性减税降费，支持实体经济发展。

三是健全货币政策和宏观审慎政策双支柱调控框架，加强货币政策、宏观审慎政策和金融市场监管的协同性，健全基础货币投放机制，完善中央银行利率调控和传导机制，保持货币信贷和社会融资规模适度增长，增强金融政策普惠性，提升金融服务实体经济能力，强化有效防范系统性金融风险能力和逆周期调节功能。

四是优化公平竞争政策，科学治理、协同治理，营造安全规范、鼓励创新、包容审慎的发展环境，支持新模式新业态持续健康发展，持续加强监管执法，坚决反对各种形式的垄断和不正当竞争，保护市场主体和消费者合法权益。

四、建设现代化产业体系

（一）切实增强实体经济

党的二十大报告指出：坚持把发展经济的着力点放在实体经济上，推进新型工业化，加快建设制造强国、质量强国、航天强国、交通强国、网络强国、数字中国。实施产业基础再造工程和重大技术装备攻关工程，支持专精特新企业发展，推动制造业高端化、智能化、绿色化发展。巩固优势产业领先地位，在关系安全发展的领域加快补齐短板，提升战略性资源供应保障能力。推动战略性新兴产业融合集群发展，构建新一代信息技术、人工智能、生物技术、新能源、新材料、

推进新型工业化的六大目标

制造强国 1 ── 加快建设 ── 4 交通强国

质量强国 2 5 网络强国

航天强国 3 6 数字中国

高端装备、绿色环保等一批新的增长引擎。

把发展经济的着力点放在以制造业为根基的实体经济上，紧紧抓住新一轮科技革命和产业变革同我国转变发展方式历史性交汇的战略机遇，促进更多技术、资本、劳动力等生产要素融入实体经济，促进制造业加速向数字化、网络化、智能化发展，不断提高科技创新对实体经济发展的贡献率，不断增强现代金融服务实体经济的能力，不断优化人力资源支撑实体经济发展的作用，培育世界级先进制造业集群，形成经济高质量发展新动能。

加快推动制造业高质量发展，以新一代信息技术改造传统动能，积极发展智能制造、绿色制造、服务型制造，推动先进制造业和现代服务业深度融合，加强重点行业产业链薄弱环节和风险因素排查，加快补齐产业链供应链短板，推动产业链供应链优化升级，增强产业链供应链自主可控能力，加快推动我国产业向全球产业链价值链中高端迈进。

（二）大力发展服务业

党的二十大报告指出：构建优质高效的服务业新体系，推动现代服务业同先进制造业、现代农业深度融合。加快发展物联网，建设高效顺畅的流通体系，降低物流成本。

推动现代服务业为先进制造业和现代农业高质量发展注入人力资本、金融资本、知识资本和先进技术等高端生产要素，推动现代服务业向专业化、规模化、高端化发展，更好发挥产业融合发展的规模经济效应，促进技术进步和创新成果向现实产品和服务转化，为广大消费者提供高品质、多样化的产品和服务。提高制造业和农业发展的层次和效率，加快实现产业结构升级，构建现代化产业体系，提升产业发展水平。深化物流领域关键环节改革，深入落实减税降费措施，加强土地和资金保障，促进物流业健康发展，不断降低全社会物流成本。

（三）加快发展数字经济

党的二十大报告指出：促进数字经济和实体经济深度融合，打造具有国际竞争力的数字产业集群。优化基础设施布局、结构、功能和系统集成，构建现代化基础设施体系。

实施国家大数据战略、网络强国战略，激活数据要素价值，培育数字经济新业态、新模式、新动能。发挥数字技术的放大、叠加、倍增作用，全面深化重点产业、重点企业全链条数字化转型，推动传统产业和主导产业数字化升级，提高公共服务数字化水平，完善数字经济治理体系。

全面加强基础设施建设，发挥有效投资的关键作用，加快现代化基础设施体系建设，在促进宏观经济稳定的同时，为全面建设社会主义现代化国家打下坚实基础。

 权威声音

习近平（中共中央总书记、国家主席、中央军委主席）：高端制造是经济高质量发展的重要支撑。推动我国制造业转型升级，建设制造强国，必须加强技术研发，提高国产化替代率，把科技的命脉掌握在自己手中，国家才能真正强大起来。

五、全面推进乡村振兴

党的二十大报告指出：全面建设社会主义现代化国家，最艰巨最繁重的任务仍然在农村。坚持农业农村优先发展，坚持城乡融合发展，畅通城乡要素流动。加快建设农业强国，扎实推动乡村产业、人才、文化、生态、组织振兴。

（一）保证粮食安全

党的二十大报告指出：全方位夯实粮食安全根基，全面落实粮食安全党政同责，牢牢守住18亿亩耕地红线，逐步把永久基本农田全部建成高标准农田，深入实施种业振兴行动，强化农业科技和装备支撑，健全种粮农民收益保障机制和主产区利益补偿机制，确保中国人

 权威评论

唐仁健（中央农办主任，农业农村部党组书记、部长）：全面推进乡村振兴，这充分体现了我们党一张蓝图绘到底，一以贯之抓落实的战略定力。加快建设农业强国，这是党中央着眼全面建设社会主义现代化国家大局作出的重大决策部署。农业强国的内涵十分丰富，我体会最关键的是努力实现供给保障强、科技装备强、经营体系强、产业韧性强。必须用高水平的农业科技、现代化物质装备破解资源禀赋约束，不断提高土地产出率、劳动生产率和资源利用率，推进农业产业延链、补链、强链，全面提高产业体系的韧性和稳定性。

的饭碗牢牢端在自己手中。树立大食物观，发展设施农业，构建多元化食物供给体系。

巩固和完善保障粮食安全的制度政策，深入实施以我为主、立足国内、确保产能、适度进口、科技支撑的国家粮食安全战略，推动藏粮于地、藏粮于技战略落实落地，树立大食物观，确保国家粮食和重要副食品供给安全，确保中国人的饭碗里主要装中国粮。加强耕地数量、质量、生态"三位一体"保护，完善最严格的耕地保护制度，坚决治理乱占、破坏耕地行为。加强现代农业设施建设，进一步优化农业区域布局，稳步提高农业综合生产能力。以农业科技创新为主要突

党的十八大以来，我国粮食安全保障能力持续提升

 自 2015 年起
粮食产量连续 7 年
保持在 **1.3 万亿斤**
以上

1.3 万亿斤

 粮食流通保持高效顺畅，全国标准仓房完好仓容 **7 亿吨**

 人均粮食产量

2021 年
人均粮食产量 **483.5 公斤**，
已超过国际公认的 **400 公斤**的粮食安全线

 粮食应急保障更加有力，现有粮食应急加工企业 **6000 家**、应急供应网点 **5.3 万个**、应急储运企业 **4199 家**······

 已建成 **9 亿亩**高标准农田，粮食作物良种基本实现全覆盖

 有能力应对各类重大自然灾害和公共突发事件

数据来源：《农民日报》

破口，提高农业科技研发水平与成果转化能力，着力攻关核心关键技术，健全适应现代农业发展要求的农业科技推广体系。坚持农业对外开放，提高统筹利用两个市场两种资源的能力和水平，更好满足人民群众日益多元化的食物消费需求。强化"米袋子""菜篮子"责任落实，全面落实粮食安全党政同责，严格粮食安全责任制考核，"米袋子"省长要负责，书记也要负责。

（二）促进乡村振兴

党的二十大报告指出：发展乡村特色产业，拓宽农民增收致富渠道。巩固拓展脱贫攻坚成果，增强脱贫地区和脱贫群众内生发展动力。统筹乡村基础设施和公共服务布局，建设宜居宜业和美乡村。

深化农业供给侧结构性改革，推动农业由增产导向转向提质导向，调优产品产业结构，促进农村一二三产业融合发展。鼓励各地拓展农业多种功能、挖掘乡村多元价值，重点发展农产品加工、乡村度假、农村电商等产业。推进现代农业产业园和农业产业强镇建设，培育优势特色产业集群，实施乡村休闲旅游提升计划，培育壮大更多农村新产业新业态，推动乡村产业振兴。

推动脱贫地区更多依靠发展来巩固拓展脱贫攻坚成果，巩固提升脱贫地区特色产业，完善监测帮扶机制。加大对乡村振兴重点帮扶县和易地搬迁集中安置区支持力度，完善联农带农机制，提高脱贫人口家庭经营性收入。坚决守住不发生规模性返贫底线，切实维护和巩固脱贫攻坚战的伟大成就。

加快补齐乡村基础设施短板，健全城乡基本公共服务均等化体制机制，加强普惠性、基础性、兜底性民生建设，推动公共服务、社会事业向农村延伸覆盖。

（三）深化农村制度改革

党的二十大报告指出：巩固和完善农村基本经营制度，发展新型农村集体经济，发展新型农业经营主体和社会化服务，发展农业适度规模经营。深化农村土地制度改革，赋予农民更加充分的财产权益。保障进城落户农民合法土地权益，鼓励依法自愿有偿转让。完善农业支持保护制度，健全农村金融服务体系。

以深化农村土地制度改革为重点全面推进农村改革。坚持农村土地农民集体所有，坚持家庭经营基础性地位，坚持稳定土地承包关系。推进第二轮土地承包到期后再延长 30 年，研究建立土地承包经营权有序退出机制。盘活农村闲置宅基地和闲置住房，畅通宅基地自愿有偿退出渠道。探索建立全国性的建设用地、补充耕地指标跨区域交易机制。深化农村集体产权制度改革，完善集体经营性资产股份合作制。壮大新型农村集体经济。

同时，根据实践发展要求，完善农村承包地"三权分置"制度，在尊重农民意愿和维护农民权益基础上，丰富集体所有权、农户承包权、土地经营权的有效实现形式，促进土地资源的优化配置。要创新农业经营体系，积极培育新型农业经营主体，健全农村要素市场化配置机制，发展壮大农业社会化服务组织，鼓励和支持广大小农户走同现代农业相结合的发展之路，使农村基本经营制度始终充满活力。

六、促进区域协调发展

（一）深入实施区域协调发展战略

党的二十大报告指出：深入实施区域协调发展战略、区域重大战略、主体功能区战略、新型城镇化战略，优化重大生产力布局，构建优势互补、高质量发展的区域经济布局和国土空间体系。推动西部大开发形成新格局，推动东北全面振兴取得新突破，促进中部地区加快崛起，鼓励东部地区加快推进现代化。支持革命老区、民族地区加快发展，加强边疆地区建设，推进兴边富民、稳边固边。推进京津冀协同发展、长江经济带发展、长三角一体化发展，推动黄河流域生态保护和高质量发展。高标准、高质量建设雄安新区，推动成渝地区双城经济圈建设。健全主体功能区制度，优化国土空间发展格局。

2019 年 8 月 26 日，习近平总书记主持召开中央财经委员会第五次会议，指明了新形势下促进区域协调发展总的思路，也就是：按照客观经济规律调整完善区域政策体系，发挥各地区比较优势，促进各类要素合理流动和高效集聚，增强创新发展动力，加快构建高质量发展的动力系统，增强中心城市和城市群等经济发展优势区域的经济和人口承载能力，增强其他地区在保障粮食安全、生态安全、边疆安全等方面的功能，形成优势互补高质量发展的区域经济布局。

要立足发挥各地区比较优势和缩小区域发展差距，围绕努力实现基本公共服务均等化、基础设施通达程度比较均衡、人民基本生活保障水平大体相当的目标，落实主体功能区制度，培育和发挥区域比较优势，加强区域优势互补，更加注重区域一体化发展。坚决破除地区之间利益藩篱和政策壁垒，加快形成统筹有力、竞争有序、绿色协调、共享共赢的区域协调发展新机制，在协调发展中拓宽发展空间，促进区域协调发展。

充分发挥市场在区域协调发展新机制建设中的主导作用，更好发挥政府在区域协调发展方面的引导作用。统筹推进西部大开发、东北全面振兴、中部地区崛起、东部率先发展，进一步细化区域政策尺度，针对不同地区实际制定差别化政策，维护全国统一市场的公平竞争。深化改革开放，破解区域协调发展机制中存在的突出问题，增强区域发展的协同性、联动性、整体性。

（二）加快新型城镇化

党的二十大报告指出：推进以人为核心的新型城镇化，加快农业转移人口市民化。以城市群、都市圈为依托构建大中小城市协调发展格局，推进以县城为重要载体的城镇化建设。坚持人民城市人民建、人民城市为人民，提高城市规划、建设、治理水平，加快转变超大特大城市发展方式，实施城市更新行动，加强城市基础设施建设，打造宜居、韧性、智慧城市。

按照统筹规划、合理布局、分工协作、以大带小的原则，立足资源环境承载能力，优化形成疏密有致、分工协作、功能完善的城镇化空间格局。建立完善以中心城市为核心的城市群发展协调机制，加快推进城市群交通基础设施一体化规划建设，发挥好中心城市和都市

"十四五"时期，我国加快农业转移人口市民化的主要措施

1 深化户籍制度改革

2 完善城镇基本公共服务提供机制

3 提高农业转移人口劳动技能素质

4 强化随迁子女基本公共教育保障

5 巩固提高社会保险统筹层次和参保覆盖率

6 强化农民工劳动权益保障

7 完善农业转移人口市民化配套政策

圈的带动作用，提高综合承载和资源优化配置能力，合理确定城市规模、人口密度、空间结构，形成中心城市引领城市群、都市圈带动大中小城市和小城镇相互协调联动的城镇化发展格局。加快以县城为重要载体的城镇化建设，全面深化户籍制度及配套制度改革，健全农业转移人口市民化配套政策体系，促进符合条件的农业转移人口落户城镇，解决好农业转移人口的住房、教育、医疗、养老等基本问题，大力提高农业转移人口就业能力，提升农民工在城镇就业居住的归属感和幸福感。

（三）建设海洋强国

党的二十大报告指出：发展海洋经济，保护海洋生态环境，加快建设海洋强国。

着力提高海洋经济的投入产出效率和全要素生产率，实现海洋经济发展方式从主要依靠要素投入向主要依靠创新驱动转变，调整优化海洋传统产业，培育壮大海洋新兴产业，拓展提升海洋服务业，推动海洋产业结构优化升级，促进海洋产业朝着特色化、高端化、集群化发展，促进海洋经济发展与海洋生态保护相协调。

七、推进高水平对外开放

党的二十大报告指出：依托我国超大规模市场优势，以国内大循环吸引全球资源要素，增强国内国际两个市场两种资源联动效应，提升贸易投资合作质量和水平。

（一）坚定不移扩大对外开放

党的二十大报告指出：稳步扩大规则、规制、管理、标准等制度型开放。推动货物贸易优化升级，创新服务贸易发展机制，发展数字贸易，加快建设贸易强国。合理缩减外资准入负面清单，依法保护外商投资权益，营造市场化、法治化、国际化一流营商环境。推动共建"一带一路"高质量发展。

持续推进高水平对外开放主要部署

坚定不移扩大对外开放 ①

② 持续优化区域开放布局

有序推进人民币国际化 ③

④ 持续融入全球分工合作

科学认识国内大循环和国内国际双循环的关系，建设更高水平开放型经济新体制，树立全球视野，以更加积极主动的姿态走向世界，全面谋划高水平全方位对外开放新格局，实施更大范围、更宽领域、更深层次的对外开放，更好利用国内国际两个市场两种资源，更好联通国内市场和国际市场。提高在全球配置资源能力，更好争取开放发展中的战略主动，有效防范和化解国际经济合作中的安全风险，以扩大开放带动创新、推动改革、促进发展。

适应新形势、把握新特点，推动由商品和要素流动型开放向规则、规制、管理、标准等制度型开放转变，完善公开、透明的涉外法律体系，统一内外资法律法规，全面实行准入前国民待遇加负面清单管理制度。进一步放宽外资市场准入，健全外商投资国家安全审查制度，健全跨境服务贸易负面清单管理制度，尊重国际营商惯例，保护外资企业合法权益。

坚持对话协商、共建共享、合作共赢、交流互鉴，推动共建"一带一路"走深走实造福世界各国人民，把"一带一路"建设成为和平之路、繁荣之路、开放之路、绿色之路、创新之路、文明之路，努力实现政策沟通、设施联通、贸易畅通、资金融通、民心相通。

（二）持续优化区域开放布局

党的二十大报告指出：优化区域开放布局，巩固东部沿海地区开放先导地位，提高中西部和东北地区开放水平。加快建设西部陆海新通道。加快建设海南自由贸易港，实施自由贸易试验区提升战略，扩大面向全球的高标准自由贸易区网络。

优化区域开放布局，鼓励各地立足比较优势扩大开放，强化区域间开放联动，完善境内外经济园区合作机制，推动对外开放平台合理分工，形成陆海内外联动、东西双向互济的开放格局。完善自由贸易试验区布局，进一步发挥自贸试验区和自由贸易港全面深化改革和扩大开放试验田作用，在营造优良投资环境、提升贸易便利化水平、推动金融创新服务实体经济等领域先行先试等方面，加大改革授权和开放力度，给予政策扶持。

（三）有序推进人民币国际化

完善以市场供求为基础、有管理的浮动汇率制度，坚持货币政策和汇率政策的独立性，确保人民币币值相对稳定，有序推进资本项目开放。加强国际金融合作顶层设计，完善区域性货币合作体系，创新金融合作机制，扩大货币互换规模。逐步提高国际贸易中人民币的使用程度，推动石油等大宗商品的人民币计价结算，打造多元化人民币离岸中心，实现人民币国际化的贸易驱动、投资计价驱动、金融产品创新驱动的多层次发展模式。

（四）持续融入全球分工合作

党的二十大报告指出：深度参与全球产业分工和合作，维护多元稳定的国际经济格局和经贸关系。

坚定不移融入全球产业分工体系，有效利用国内国际两个市场两种资源，大力推动多双边贸易和投资发展，引进资金与引进国际先进技术、管理理念和高端人才相结合，发挥外资对产业提升的积极作用，促进外资结构由劳动密集型产业逐步向资本、技术密集型产业升级。加快企业"走出去"步伐，鼓励企业发挥自身优势积极开展国际产能合作，深度嵌入全球产业链。

 权威评论

赵辰昕（国家发展和改革委员会党组成员、副主任、秘书长）：中国经济是一片大海，世界经济也是一片大海，世界上的大海大洋都是相通的。我们将始终站在历史正确的一边，决不被逆风和回头浪所阻，高举构建人类命运共同体旗帜，积极践行真正的多边主义，坚定不移全面扩大开放，推动经济全球化朝着更加开放、包容、普惠、平衡、共赢的方向发展。

第五讲

实施科教兴国战略，强化现代化建设人才支撑

党的二十大报告指出：教育、科技、人才是全面建设社会主义现代化国家的基础性、战略性支撑。必须坚持科技是第一生产力、人才是第一资源、创新是第一动力，深入实施科教兴国战略、人才强国战略、创新驱动发展战略，开辟发展新领域新赛道，不断塑造发展新动能新优势。

一、实施三大战略

习近平总书记曾指出："今天，我们比历史上任何时期都更接近中华民族伟大复兴的目标，比历史上任何时期都更有信心、有能力实现这个目标。而要实现这个目标，我们就必须坚定不移贯彻科教兴国战略和创新驱动发展战略，坚定不移走科技强国之路。"科技兴则民族兴，教育强则国家强。科学技术从来没有像今天这样深刻影响着国家前途命运，从来没有像今天这样深刻影响着人民生活福祉。

科教兴国战略、人才强国战略、创新驱动发展战略，是改革开放以来我们党总结概括并长期坚持的重大战略，对我国经济社会发展产生了深远影响。

（一）实施科教兴国战略

1995 年 5 月 6 日，中共中央、国务院作出《关于加速科学技术进步的决定》，首次提出在全国实施科教兴国战略。科教兴国战略，就是

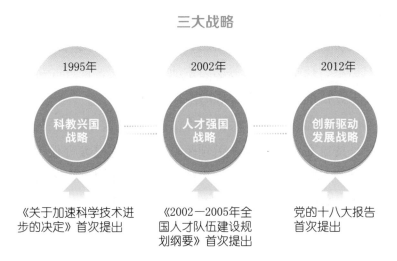

三大战略

1995年	2002年	2012年
科教兴国战略	人才强国战略	创新驱动发展战略
《关于加速科学技术进步的决定》首次提出	《2002—2005年全国人才队伍建设规划纲要》首次提出	党的十八大报告首次提出

指全面落实科学技术是第一生产力的思想，坚持教育为本，把科技和教育摆在经济社会发展的重要位置，增强国家的科技实力及向现实生产力转化的能力，提高全民族的科技文化素质，把经济建设转移到依靠科技进步和提高劳动者素质的轨道上来，加速实现国家的繁荣强盛。

（二）实施人才强国战略

2002年5月7日，中共中央办公厅、国务院办公厅发布的《2002—2005年全国人才队伍建设规划纲要》首次提出人才强国战略。人才强国战略，就是指把人才资源作为经济、社会发展的第一资源，把人才竞争作为综合国力竞争的核心，充分发掘人才资源宝库，努力形成人人渴望成才、人人努力成才、人人皆可成才、人人尽展其才的良好局面。

（三）实施创新驱动发展战略

党的十八大报告首次提出创新驱动发展战略。创新驱动发展战略，就是指把创新作为引领发展的第一动力、摆在国家发展全局的核心位置，加快形成以创新为主要引领和支撑的经济体系和发展模式，使创新成为引领发展的第一动力，科技创新与制度创新、管理创新、商业模式创新、业态创新和文化创新相结合，推动发展方式向依靠持续的知识积累、技术进步和劳动力素质提升转变，促进经济向形态更高级、分工更精细、结构更合理的阶段演进。

新时代新征程党的二十大报告作出战略安排，我们要坚持教育优先发展、科技自立自强、人才引领驱动，加快建设教育强国、科技强国、人才强国，坚持为党育人、为国育才，全面提高人才自主培养质量，着力造就拔尖创新人才，聚天下英才而用之。

二、办好人民满意的教育

党的二十大报告指出：教育是国之大计、党之大计。

（一）坚持立德树人

党的二十大报告指出：培养什么人、怎样培养人、为谁培养人是教育的根本问题。育人的根本在于立德。全面贯彻党的教育方针，落实立德树人根本任务，培养德智体美劳全面发展的社会主义建设者和接班人。

坚持社会主义办学方向、培养社会主义建设者和接班人是我国教育工作的政治原则，也是思考和谋划教育工作的逻辑起点。要坚持社会主义办学方向，坚守为党育人、为国育才，把立德树人作为教育的根本任务，在加快推进教育现代化的新征程中培养担当民族复兴大任的时代新人。坚持用习近平新时代中国特色社会主义思想铸魂育人，加强道德教育，激发广大师生爱党爱国爱社会主义的巨大热情，用社会主义核心价值观引领学生成长成才。深化学校思想政治理论课改革创新，加强和改进学校体育美育，广泛开展劳动教育，促进学生德智体美劳党的十八大以来，以习近平同志为核心的党中央进一步高度重视义务教育，推动义务教育取得新的跨越式发展和历史性成就，突出体现在：一是实现了义务教育有保障，历史性解决了长期存在的辍学问题，在脱贫攻坚战中实现了义务教育的有保障；二是实现了县域义务教育的基本均衡。经过不懈努力，到2021年底全国所有县区均通过了国家义务教育基本均衡发展督导评估验收，这是我国义务教育发展史上的一个新的里程碑。下一步，按照党中央、国务院决策部署，着眼于推进教育现代化、建设教育强国，将保持重视程度、投入强度、工作力度不减，继续把义务教育放在重中之重的位置，持续巩固义务教育有保障和县域基本均衡成果，深入推进义务教育优质均衡发展，更好地满足人民群众从"有学上"到"上好学"的美好期盼。

（摘编自《中共中央宣传部举行教育改革发展成效新闻发布会》，国新网，2022年9月9日）

全面发展，培养学生爱国情怀、社会责任感、创新精神、实践能力。

（二）坚持以人民为中心

党的二十大报告指出：坚持以人民为中心发展教育，加快建设高质量教育体系，发展素质教育，促进教育公平。加快义务教育优质均衡发展和城乡一体化，优化区域教育资源配置，强化学前教育、特殊教育普惠发展，坚持高中阶段学校多样化发展，完善覆盖全学段学生资助体系。统筹职业教育、高等教育、继续教育协同创新，推进职普融通、产教融合、科教融汇，优化职业教育类型定位。加强基础学科、新兴学科、交叉学科建设，加快建设中国特色、世界一流的大学和优势学科。引导规范民办教育发展。加大国家通用语言文字推广力度。

党的十八大以来，以习近平同志为核心的党中央就我国教育事业提出一系列新理念新思想新战略，其中一个重要方面就是坚持以人民为中心发展教育。教育系统要坚持依靠人民办好教育，办好人民满意的教育，努力让全体人民享有更好更公平的教育，获得发展自身、奉献社会、造福人民的机会。坚持"学校教育、育人为本"的教育理念，推动育人方式、办学模式转变，建立促进学生身心健康、全面发展的长效机制。始终坚持以人民为中心，着力解决教育领域发展不平衡不充分问题，以义务教育标准化学校建设为突破口，推进义务教育优质均衡发展，重点实施义务教育薄弱环节改善与能力提升工程，满足学生就近入学需求。深化中小学招生制度改革，规范招生管理，实现从"招好学生"向"教好学生"转变。深入开展办学模式改革，充

十年来，我国义务教育实现优质均衡发展和城乡一体化

教育质量实现新提升

2021 年
全国 95% 的学校能保障学生在校每天 1 小时体育锻炼

近 87% 的学生在中小学接受了艺术教育

学生成长环境全面改善

免试就近入学和"公民同招"政策全面落实

2021年义务教育阶段进城务工人员随迁子女在公办学校就读和享受政府购买民办学校学位服务的比例达到90.9%

90.9%

数据来源：教育部

分发挥优质学校的辐射带动作用，办好人民群众家门口的学校，解决"择校热"问题。实施"强基计划"，探索多维度考核评价模式，选拔培养有志于服务国家重大战略需求且综合素质优秀或基础学科拔尖的学生。大力发展职业教育，推进职业教育改革，提高职业教育质量，增强职业教育适应性。构建具有中国特色、中国风格、中国气派的学科体系、学术体系、话语体系。努力走出一条建设中国特色、世界一流大学的新路。优化同新发展格局相适应的教育结构、学科专业结构、人才培养结构。完善全民终身学习推进机制，构建方式更加灵活、资源更加丰富、学习更加便捷的全民终身学习体系。

（三）深化教育改革

党的二十大报告指出：深化教育领域综合改革，加强教材建设和管理，完善学校管理和教育评价体系，健全学校家庭社会育人机制。加强师德师风建设，培养高素质教师队伍，弘扬尊师重教社会风尚。推进教育数字化，建设全民终身学习的学习型社会、学习型大国。

深化教育评价改革，克服"唯分数、唯升学、唯文凭、唯论文、唯帽子"顽瘴痼疾，扭转不科学的评价导向。深化教育领域"放管服"改革，进一步落实和扩大高校办学自主权。推进教育督导体制机制改革，强化督政、督学、评估监测"三位一体"的教育督导体系。把教师作为教育事业的第一资源，打造高素质、专业化、创新型教师队伍。推动信息技术与教育教学深度融合，以教育信息化带动教育现代化。

三、完善科技创新体系

党的二十大报告强调：坚持创新在我国现代化建设全局中的核心地位。

自古以来，科学技术就以一种不可逆转、不可抗拒的力量推动着人类社会向前发展。人类历史上每一次科技革命都深刻影响了世界力量格局变化。在激烈的国际竞争中，惟创新者进，惟创新者强，惟创新者胜。为此，党的十九大提出，创新是引领发展的第一动力；党的十九届五中全会强调，坚持创新在我国现代化建设全局中的核心地位，把科技自立自强作为国家发展的战略支撑。

（一）强化国家战略科技力量

党的二十大报告指出：完善党中央对科技工作统一领导的体制，健全新型举国体制，强化国家战略科技力量，优化配置创新资源，优化国家科研机构、高水平研究型大学、科技领军企业定位和布局，形成国家实验室体系，统筹推进国际科技创新中心、区域科技创新中心

延伸问答

问： 新型举国体制具有哪些优势？

答： 与计划经济条件下的举国体制相比，新型举国体制以社会主义市场经济体制为背景，以发挥更大创新效能为目标，将我国政治制度优势与市场机制作用协同起来，推进国家治理在科技领域的新变革。新型举国体制不是运动式的发动全员，而是战略性地集中优势力量，以攻克重大项目或完成重要任务为主要目标，在国民经济不同领域取得重点突破。这一体制既发挥我国社会主义制度能够集中力量办大事的显著优势，强化党和国家对重大科技创新的领导，又充分发挥市场机制作用，围绕国家战略需求，优化配置创新资源，强化国家战略科技力量，大幅度提升科技攻关体系化能力，在若干重要领域形成竞争优势、赢得战略主动。

建设，加强科技基础能力建设，强化科技战略咨询，提升国家创新体系整体效能。

坚持和加强党对科技工作的全面领导，牢牢把握科技改革发展的正确方向，加强顶层设计、系统谋划，健全社会主义市场经济条件下新型举国体制。习近平总书记指出，我国社会主义制度能够集中力量办大事是我们成就事业的重要法宝。发挥新型举国体制优势，加强科技创新和技术攻关，强化关键环节、关键领域、关键产品保障能力。充分发挥国家作为重大科技创新组织者的作用，坚持战略性需求导向，确定科技创新方向和重点，着力解决制约国家发展和安全的重大难题。

（二）深化科技体制改革

党的二十大报告指出：深化科技体制改革，深化科技评价改革，加大多元化科技投入，加强知识产权法治保障，形成支持全面创新的基础制度。

多年来，我国一直存在着科技成果向现实生产力转化不力、不顺、不畅的痼疾，科研成果封闭自我循环比较严重，其中一个重要症结就在于科技创新链条上存在着诸多体制机制关卡，创新和转化各个环节衔接不够紧密。因此，必须深化科技体制改革，破除一切制约科技创新的思想障碍和制度藩篱。习近平总书记指出，促进科技和经济结合是改革创新的着力点。要坚持科技面向经济社会发展的导向，围绕产业链部署创新链，围绕创新链完善资金链，破除制约科技成果转移扩散的障碍，消除科技创新中的"孤岛现象"，打通从科技强到产业强、经济强、国家强的通道。以改革释放创新活力，解决好"由谁来创新"、"动力哪里来"、"成果如何用"这3个基本问题，培育产学研结合、上中下游衔接、大中小企业协同的良好创新格局，提升国家创新体系整体效能。

党的十八大以来，我国深化科技创新体制改革取得重大成果

2015年以来，我国涉及40多个管理部门的上百项科技计划（专项、基金等）已全面整合为5大类

深化"揭榜挂帅"等新型项目组织模式，截至2022年2月，在"十四五"首批重点研发计划中已经部署实施了87项"榜单"任务

截至2020年底，《深化科技体制改革实施方案》部署的143项任务已全面完成

为减轻科研人员负担，国家重点研发计划需填报的表格由57张精简到11张，科技计划项目实行不超过5%比例随机抽查机制

数据来源：《光明日报》

（三）营造良好创新氛围

党的二十大报告指出：培育创新文化，弘扬科学家精神，涵养优良学风，营造创新氛围。

加强科学家精神宣传，在全社会树立爱国、创新、求实、奉献的正确导向。坚持激励约束并举，充分发挥全体科技人员的主体作用和科学共同体自律作用，进一步发挥科研诚信制度体系的威力，严肃查处论文造假等学术不端案件，强化惩戒和公开曝光，构建改进作风学风与科研诚信建设协同推进的"大监管体系"。健全科技伦理治理体制。积极稳妥深化院士制度改革，不断完善院士制度，切实维护院士称号学术性、荣誉性。

（四）加强国际科技合作

党的二十大报告指出：扩大国际科技交流合作，加强国际化科研环境建设，形成具有全球竞争力的开放创新生态。

加强对国际科技合作新变化的战略研判、政策储备和前瞻部署，推动国际科技合作形势向有利于我国的方向发展。扩大国家科技计划对外开放度，研究设立面向全球的科学研究基金，支持外籍科学家领衔承担政府科技项目，吸引优秀学者来华工作。加快启动我国牵头的国际大科学计划和大科学工程，逐步放开在我国境内设立国际科技组织、外籍科学家在我国科技学术组织任职，使我国成为全球科技开放合作的广阔舞台。推动"一带一路"科技创新行动落实落地。建立应对重大突发公共卫生事件等全球共同挑战的科技合作机制，拓展我国国际科技合作领域和空间。

四、加快实施创新驱动发展战略

实施创新驱动发展战略需要切实把创新作为经济社会发展的第一驱动力，不断提升创新的地位和作用。

（一）坚持"四个面向"

党的二十大报告指出：坚持面向世界科技前沿、面向经济主战场、面向国家重大需求、面向人民生命健康，加快实现高水平科技自立自强。以国家战略需求为导向，集聚力量进行原创性引领性科技攻关，坚决打赢关键核心技术攻坚战。加快实施一批具有战略性全局性前瞻性的国家重大科技项目，增强自主创新能力。

把"四个面向"作为科技创新的战略导向，大力提升科技创新体系化能力，多渠道提供高水平源头供给，以科技创新支撑经济社会发展、民生福祉改善和保障国家安全。

形成符合攻关和应急需要的强有力政府科技管理系统，以统一、统筹、强耦合的组织体系，协同科技力量和集中各方面优势资源突破

"卡脖子"瓶颈，保证攻坚攻得下、应急用得上。在推进关键核心技术攻关中，围绕决策指挥、组织管理、人才激励、市场环境等方面展开体制机制创新。建立决策高效、响应快速的扁平化管理体制，提高统筹协调效率和落实效率，强化跨部门、跨学科、跨军民、跨央地整合力量和资源。进一步深化科技计划、项目和经费管理改革，聚焦国家战略需求，完善项目、资金、人才、基地、设施协同配置机制，构建科技、产业、金融、社会、知识产权保护等方面的政策协调机制，形成产学研用深度融合的技术创新体系。

深阅读

　　党的十八大以来，面向人民生命健康，科技创新铸就"健康坚盾"，为抗击新冠肺炎疫情、消除疟疾、防控多种传染病提供强有力科技支撑；科技创新勇于"亮剑"，为对战肿瘤、慢病等危及人民健康的重大疾病提供强有力"武器"；医学科技大步向前，引领信息技术、人工智能与生命科学深度融合，共绘健康中国蓝图。

　　（摘编自《心系人民健康　释放科技红利——党的十八大以来科技创新坚持"四个面向"述评之四》，《科技日报》2022年10月12日）

　　围绕健全关键核心技术攻关新型举国体制，加快建设国家实验室，重组国家重点实验室体系，形成国家战略科技力量体系化布局。推进高校科研组织化，优化院所等科研力量布局，深化科研管理体制改革，推动重点领域项目、基地、人才、资金一体化配置，打好关键核心技术攻坚战。强化战略必争领域布局，加快网络安全、海洋安全、空天安全、生物安全等重大领域的科研力量建设，健全科技安全风险防控体系。

（二）加强基础研究

党的二十大报告指出：加强基础研究，突出原创，鼓励自由探索。提升科技投入效能，深化财政科技经费分配使用机制改革，激发创新活力。

进一步加强基础研究顶层设计、系统布局和人才培养。持续推进国家自然科学基金系统性改革，完善自由探索基础研究的长期支持机制。探索面向世界科技前沿的原创性科学问题发现和提出机制，构建从国家安全、产业发展、改善民生的实践中凝练基础科学问题的机制，以应用研究带动基础研究。加大研发投入力度，优化财政科技投入结构，研究鼓励企业投入和社会捐赠支持基础研究的政策措施。

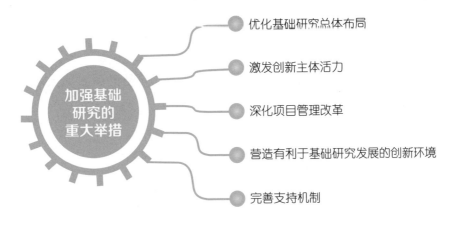

加强基础研究的重大举措

- 优化基础研究总体布局
- 激发创新主体活力
- 深化项目管理改革
- 营造有利于基础研究发展的创新环境
- 完善支持机制

（三）加强产学研融合

党的二十大报告指出：加强企业主导的产学研深度融合，强化目标导向，提高科技成果转化和产业化水平。强化企业科技创新主体地位，发挥科技型骨干企业引领支撑作用，营造有利于科技型中小微企业成长的良好环境，推动创新链产业链资金链人才链深度融合。

要进一步突出企业的技术创新主体地位，使企业真正成为技术创新决策、研发投入、科研组织、成果转化的主体，变"要我创新"为

"我要创新"。加大国家重大创新基地和共性技术平台在企业布局力度，促进人才、资金、技术等创新要素向企业集聚。鼓励企业加大研发投入，进一步研究提高企业研发费用加计扣除比例。建设以大企业牵头组织的基础技术产品供给平台和专业化众创平台。发挥转制科研院所和企业科研机构作用，组建国家级工业基础研究平台，提供关键共性技术创新服务。建立企业牵头的创新联合体承担国家重大科技项目机制。发挥大企业引领作用，促进产业链上中下游、大中小企业融通创新。完善"投贷债补"联动的金融创新支持体系。完善支持企业创新的普惠性税收政策。

五、深入实施人才强国战略

党的二十大报告指出：培养造就大批德才兼备的高素质人才，是国家和民族长远发展大计。

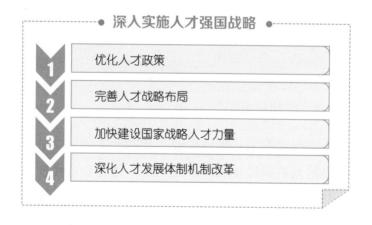

（一）优化人才政策

党的二十大报告指出：坚持党管人才原则，坚持尊重劳动、尊重知识、尊重人才、尊重创造，实施更加积极、更加开放、更加有效的人才政策，引导广大人才爱党报国、敬业奉献、服务人民。

要深化人才发展体制机制改革，最大限度把广大人才的报国情怀、奋斗精神、创造活力激发出来。着眼于人才引进、培养、使用全链条，统筹兼顾推进改革创新，提升人才工作体系化建设水平，防止把人才"卡住""气跑""埋没"，避免人才流失和浪费。

（二）完善人才战略布局

党的二十大报告指出：完善人才战略布局，坚持各方面人才一起抓，建设规模宏大、结构合理、素质优良的人才队伍。加快建设世界重要人才中心和创新高地，促进人才区域合理布局和协调发展，着力形成人才国际竞争的比较优势。

按照系统集成、分门别类的原则，针对不同类型、不同层次的人才制定具体化、普惠性举措，形成重点突出、层次分明、覆盖广泛、务实管用的人才政策体系，从而既发挥高层次人才在经济社会发展中

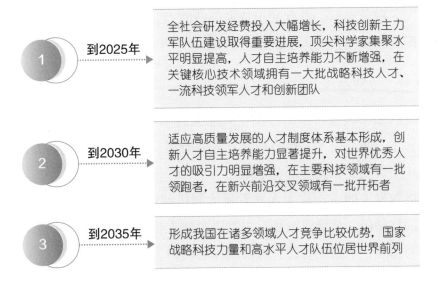

加快建设世界重要人才中心和创新高地的宏伟目标

1 到2025年	全社会研发经费投入大幅增长，科技创新主力军队伍建设取得重要进展，顶尖科学家集聚水平明显提高，人才自主培养能力不断增强，在关键核心技术领域拥有一大批战略科技人才、一流科技领军人才和创新团队
2 到2030年	适应高质量发展的人才制度体系基本形成，创新人才自主培养能力显著提升，对世界优秀人才的吸引力明显增强，在主要科技领域有一批领跑者，在新兴前沿交叉领域有一批开拓者
3 到2035年	形成我国在诸多领域人才竞争比较优势，国家战略科技力量和高水平人才队伍位居世界前列

的关键性作用，又发挥中级、初级人才在经济社会发展中的基础性作用。围绕构建科学规范的人才评价机制，探索建立由政府、市场、专业组织、用人单位等多元主体参与的多维度人才评价体系。围绕构建有序有效的考核评估、激励和退出机制，建立健全高层次人才评价认定指标体系和考核评估体系。

（三）加快建设国家战略人才力量

党的二十大报告指出：加快建设国家战略人才力量，努力培养造就更多大师、战略科学家、一流科技领军人才和创新团队、青年科技人才、卓越工程师、大国工匠、高技能人才。

坚持实践标准，在国家重大科技任务担纲领衔者中发现具有深厚科学素养、长期奋战在科研第一线，视野开阔，前瞻性判断力、跨学科理解能力、大兵团作战组织领导能力强的科学家。坚持长远眼光，有意识地发现和培养更多具有战略科学家潜质的高层次复合型人才，形成战略科学家成长梯队。优化领军人才发现机制和项目团队遴选机制，对领军人才实行人才梯队配套、科研条件配套、管理机制配套的特殊政策。培养适应我国制造业发展的大批卓越工程师，建设一支爱党报国、敬业奉献、具有突出技术创新能力、善于解决复杂工程问题的大国工匠和高技能人才队伍。

（四）深化人才发展体制机制改革

党的二十大报告指出：深化人才发展体制机制改革，真心爱才、悉心育才、倾心引才、精心用才，求贤若渴，不拘一格，把各方面优秀人才集聚到党和人民事业中来。

把激发人的活力作为人才发展体制机制改革的出发点和落脚点，始终围绕科研人员推进改革，以增强科研人员的获得感、幸福感、安全感为标准，不断完善符合科研规律的科研人员管理制度。

第六讲

发展全过程人民民主，保障人民当家作主

党的二十大报告指出：我国是工人阶级领导的、以工农联盟为基础的人民民主专政的社会主义国家，国家一切权力属于人民。人民民主是社会主义的生命，是全面建设社会主义现代化国家的应有之义。

一、实施全过程人民民主

党的二十大报告指出：全过程人民民主是社会主义民主政治的本质属性，是最广泛、最真实、最管用的民主。

2019 年 11 月，习近平总书记提出全过程人民民主重大理念，之后，在多个场合作出重要论述，极大深化了我们对民主政治发展规律的认识，进一步丰富和拓展了中国特色社会主义民主的政治内涵、理论内涵、实践内涵，丰富和发展了马克思主义民主理论，科学回答了"民主之问"、廓清了"民主迷思"，极大增强了中国人民坚持中国特色社会主义政治发展道路的自信和底气，为丰富和发展人类政治文明贡献了中国智慧、中国方案、中国力量。

全过程人民民主，是中国共产党团结带领人民追求民主、发展民主、实现民主的伟大创造，是党不断推进中国民主理论创新、制度创新、实践创新的经验结晶。全过程人民民主不仅有完整的制度程序，而且有完整的参与实践，实现了过程民主和成果民主、程序民主和实质民主、直接民主和间接民主、人民民主和国家意志相统一，具有时间上的连续性、内容上的整体性、运行上的协同性、人民参与上的广

全过程人民民主的鲜明特色

实现了过程民主和成果民主、程序民主和实质民主、直接民主和间接民主、人民民主和国家意志相统一

是全链条、全方位、全覆盖的民主

是最广泛、最真实、最管用的社会主义民主

泛性和持续性，是全链条、全方位、全覆盖的民主，是最广泛、最真实、最管用的民主。

 权威评论

　　王晨（全国人大常委会副委员长）：全过程人民民主是我们党领导人民推进民主理论创新、制度创新、实践创新的重大成果，是中国特色社会主义民主政治区别于西方形形色色资产阶级民主的显著特征。新时代推进全面依法治国，必须坚持法治建设为了人民、依靠人民，发展更加广泛、更加充分、更加健全的全过程人民民主，使各方面制度和国家治理更好体现人民意志、保障人民权益、激发人民创造。

　　全过程人民民主通过一系列法律和制度安排，真正将民主选举、民主协商、民主决策、民主管理、民主监督各个环节彼此贯通起来，使人民当家作主具体地、现实地体现在党治国理政的政策措施上，具体地、现实地体现在党和国家机关各个方面各个层级工作上，具体地、现实地体现在实现人民对美好生活向往的工作上，让中国人民全

程、有效、深入地表达自身利益诉求，参与国家政治生活。小到衣食住行，大到改革发展，人民的意愿都能得到最充分的体现。

二、坚持中国特色社会主义政治发展道路

党的二十大报告指出：必须坚定不移走中国特色社会主义政治发展道路，坚持党的领导、人民当家作主、依法治国有机统一，坚持人民主体地位，充分体现人民意志、保障人民权益、激发人民创造活力。

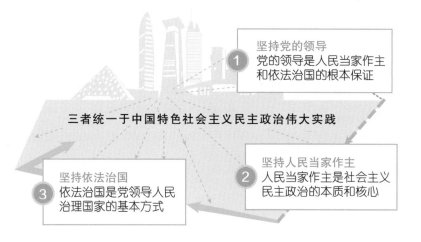

坚定不移走中国特色社会主义政治发展道路

坚持党的领导
① 党的领导是人民当家作主和依法治国的根本保证

三者统一于中国特色社会主义民主政治伟大实践

坚持人民当家作主
② 人民当家作主是社会主义民主政治的本质和核心

坚持依法治国
③ 依法治国是党领导人民治理国家的基本方式

（一）坚持党的领导

中国共产党是最高政治领导力量，也是民主发展的领导力量。中国共产党的领导地位，是历史的选择、人民的选择。正是有了中国共产党的坚强领导，中国人民才从根本上改变了自己的命运，中国发展才能取得举世瞩目的伟大成就，中华民族才能迎来实现伟大复兴的光

明前景。中国的民主，是中国共产党领导人民创造的民主。坚持党的领导，是党和国家的根本所在、命脉所在，是全国各族人民的利益所系、幸福所系。中国共产党来自人民、植根人民、服务人民，发展社会主义民主，必须靠党的领导，靠党领航掌舵。

《中共中央关于党的百年奋斗重大成就和历史经验的决议》总结了中国共产党百年奋斗的历史经验，其中第一条就是"坚持党的领导"，并明确指出："中国共产党是领导我们事业的核心力量。中国人民和中华民族之所以能够扭转近代以后的历史命运、取得今天的伟大成就，最根本的是有中国共产党的坚强领导。历史和现实都证明，没有中国共产党，就没有新中国，就没有中华民族伟大复兴。"这一重要历史结论，是从中国共产党百年奋斗历程和正反两方面的经验教训中得出的科学认识，是被实践反复证明了的科学真理。

（摘编自《坚持党的领导——学习领会中国共产党百年奋斗的历史经验①》，《解放军报》2022年1月7日，作者：范晶）

（二）坚持人民当家作主

人民当家作主是社会主义民主政治的本质和核心，是我们党始终不渝的奋斗目标。发展中国特色社会主义民主，就是要体现人民意志、保障人民权益、激发人民创造活力，用制度体系保障人民当家作主。中国特色社会主义民主是维护人民群众根本利益的最广泛、最真实、最管用的民主。人民是否享有民主权利，既要看人民是否在选举时有投票的权利，也要看人民在日常政治生活中是否有持续参与的权利；既要看人民有没有参与民主选举的权利，也要看人民有没有参与民主协商、民主决策、民主管理、民主监督的权利。新中国成立以来，我们不断扩大人民群众有序政治参与，保证人民广泛参加国家治理和社会治理，使广大人民群众无论从形式上还是从实质上都成为国家的主人，真正实现了人民当家作主。

（三）坚持依法治国

党的二十大报告指出：我们要健全人民当家作主制度体系，扩大人民有序政治参与，保证人民依法实行民主选举、民主协商、民主决策、民主管理、民主监督，发挥人民群众积极性、主动性、创造性，巩固和发展生动活泼、安定团结的政治局面。

法治是民主长期稳定发展的重要支持和保障。中国特色社会主义民主坚持民主与法治相辅相成，有力的法治保障成为中国特色社会主义民主的一大鲜明特征。党领导人民制定宪法和法律，同时保证执法、支持司法、带头守法，通过法定程序使党的主张成为国家意志、形成法律，通过法律保障党的政策有效实施、保障人民当家作主。

三、加强人民当家作主制度保障

党的二十大报告指出：坚持和完善我国根本政治制度、基本政治制度、重要政治制度，拓展民主渠道，丰富民主形式，确保人民依法通过各种途径和形式管理国家事务，管理经济和文化事业，管理社会事务。

（一）健全人民代表大会制度

党的二十大报告指出：支持和保证人民通过人民代表大会行使国

家权力，保证各级人大都由民主选举产生、对人民负责、受人民监督。支持和保证人大及其常委会依法行使立法权、监督权、决定权、任免权，健全人大对行政机关、监察机关、审判机关、检察机关监督制度，维护国家法治统一、尊严、权威。加强人大代表工作能力建设，密切人大代表同人民群众的联系。健全吸纳民意、汇集民智工作机制，建设好基层立法联系点。

健全人民代表大会制度

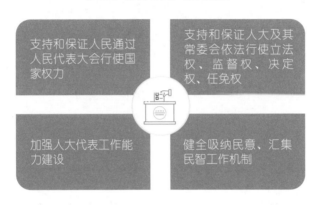

人民代表大会制度是我国的根本政治制度，是实现全过程人民民主的重要制度载体，是中国人民当家作主的根本途径和最高实现形式。人民代表大会制度符合我国国情和实际、体现社会主义国家性质、保证人民当家作主，是适合我国国情的好制度。在党的领导下，人民代表大会制度保证了人民依法享有广泛权利和自由，人民依法行使选举权利，民主选举产生人大代表，并通过法定和有序的途径、渠道、方式、程序享有知情权、参与权、表达权、监督权。各级人民代表大会依法履职，通过座谈、论证、咨询、听证等广泛征求和充分听取各方面意见，推进人大协商、立法协商，最大限度吸纳民意、汇集民智，把各方面社情民意统一于最广大人民根本利益之中。

权威声音

习近平（中共中央总书记、国家主席、中央军委主席）：人民代表大会制度，坚持中国共产党领导，坚持马克思主义国家学说的基本原则，适应人民民主专政的国体，有效保证国家沿着社会主义道路前进。人民代表大会制度，坚持国家一切权力属于人民，最大限度保障人民当家作主，把党的领导、人民当家作主、依法治国有机统一起来，有效保证国家治理跳出治乱兴衰的历史周期率。人民代表大会制度，正确处理事关国家前途命运的一系列重大政治关系，实现国家统一高效组织各项事业，维护国家统一和民族团结，有效保证国家政治生活既充满活力又安定有序。

（二）深化群团组织改革和建设

党的二十大报告指出：深化工会、共青团、妇联等群团组织改革和建设，有效发挥桥梁纽带作用。

党领导下的工会、共青团、妇联等群团组织是人民群众利益整合、协商的重要平台，在表达所代表的群众利益、协调社会利益关系、维护社会和谐稳定方面具有不可替代的优势，发挥着组织群众、引导群众、服务群众、维护群众合法权益的重要职能。群团组织开展工作和活动要以群众为中心，深入基层、深入群众，增进对群众的真挚感情，争当全心全意为人民服务根本宗旨的忠实践行者、党的群众路线的坚定执行者、党的群众工作的行家里手。

（三）坚持走中国人权发展道路

党的二十大报告指出：坚持走中国人权发展道路，积极参与全球人权治理，推动人权事业全面发展。

人权是历史的、具体的、现实的，不能脱离一个国家的社会政治条件和历史文化传统。评价一个国家是否有人权，不能以别的国家标准来衡量，更不能把人权当作干涉别国内政的政治工具，各国都有权利选择自己的人权发展道路，各国之间应该相互尊重、相互包容、相互交流、相互借鉴。中国共产党团结带领人民为争取人权、尊重人权、保障人权、发展人权，充分激发广大人民群众积极性、主动性、创造性，让人民成为人权事业发展的参与者、促进者、受益者，切实推动人的全面发展、全体人民共同富裕取得实质性进展，走出了一条顺应时代潮流、适合本国国情的人权发展道路。

2022年2月25日，习近平总书记在十九届中央政治局第三十七次集体学习时，阐明了中国人权发展道路6个方面的主要特征：一是坚持中国共产党领导，中国共产党领导和我国社会主义制度，决定了我国人权事业的社会主义性质；二是坚持尊重人民主体地位，人民性是中国人权发展道路最显著的特征；三是坚持从我国实际出发，我们把人权普遍性原则同中国实际结合起来，从我国国情和人民要求出发推动人权事业发展；四是坚持以生存权、发展权为首要的基本人权，生存是享有一切人权的基础，人民幸福生活是最大的人权；五是坚持依法保障人权，坚持法律面前人人平等；六是坚持积极参与全球人权治理，弘扬全人类共同价值。

四、全面发展协商民主

党的二十大报告指出：协商民主是实践全过程人民民主的重要形式。完善协商民主体系，统筹推进政党协商、人大协商、政府协商、政协协商、人民团体协商、基层协商以及社会组织协商，健全各种制度化协商平台，推进协商民主广泛多层制度化发展。

协商民主是中国特色社会主义民主政治中独特的、独有的、独到的民主形式，具体包括政党协商、人大协商、政府协商、政协协商、人民团体协商、基层协商和社会组织协商 7 种协商渠道。党的十八大以来，协商民主的渠道、内容、方式、运行机制等不断丰富发展，形成了中国特色协商民主体系，通过协商民主渠道，各民主党派、人民团体、社会阶层参政议政的能力、水平和效果都达到新的高度。

我国协商民主的7种协商渠道

党的二十大报告指出：坚持和完善中国共产党领导的多党合作和政治协商制度，坚持党的领导、统一战线、协商民主有机结合，坚持发扬民主和增进团结相互贯通、建言资政和凝聚共识双向发力，发挥人民政协作为专门协商机构作用，加强制度化、规范化、程序化等功能建设，提高深度协商互动、意见充分表达、广泛凝聚共识水平，完善人民政协民主监督和委员联系界别群众制度机制。

中国共产党领导的多党合作和政治协商制度作为我国的一项基本政治制度，具体形式包括政治协商、民主监督、参政议政。它植根于中华民族生存和发展的深厚土壤，产生于中国共产党同各民主党派和无党派人士团结奋斗的风雨征程，发展于建设中国特色社会主义的伟大实践。它既强调中国共产党的领导，也强调发扬社会主义民主，是中国共产党和中国人民的伟大政治创造。

人民政协是中国共产党领导的多党合作和政治协商的重要机构，是实行我国新型政党制度的重要政治形式和组织形式。人民政协要总结运用和丰富发展多党合作和政治协商的宝贵经验，不断推进理论创新、制度创新和工作创新，进一步把中国共产党领导的多党合作和政治协商制度坚持好、完善好、运用好、发挥好。

五、积极发展基层民主

党的二十大报告指出：基层民主是全过程人民民主的重要体现。

（一）健全基层群众自治机制

党的二十大报告指出：健全基层党组织领导的基层群众自治机制，加强基层组织建设，完善基层直接民主制度体系和工作体系，增强城乡社区群众自我管理、自我服务、自我教育、自我监督的实效。完善办事公开制度，拓宽基层各类群体有序参与基层治理渠道，保障人民依法管理基层公共事务和公益事业。

我国实行以村民自治制度、居民自治制度为主要内容的基层群众自治制度，人民群众在基层党组织的领导和支持下，依法直接行使民主权利，实现自我管理、自我服务、自我教育、自我监督，增强了基层群众的民主意识和民主能力，培养了基层群众的民主习惯，有效防止了人民形式上有权、实际上无权的现象，充分彰显了中国民主的广泛性和真实性，为建设人人有责、人人尽责、人人享有的基层治理共同体提供了坚实制度保障。

（二）健全企事业单位民主管理制度

党的二十大报告指出：全心全意依靠工人阶级，健全以职工代表大会为基本形式的企事业单位民主管理制度，维护职工合法权益。

职工代表大会等制度是体现工人阶级地位的重要形式，职工代表大会在企事业单位重大决策和涉及职工切身利益等重大事项上发挥着积极作用。同时，企事业单位推行职工董事、职工监事制度，全面实行厂务公开制度，探索领导接待日、劳资恳谈会、领导信箱等形式，反映职工诉求，协调劳动关系和保障职工合法权益，有效维护了职工合法权益。

六、巩固和发展最广泛的爱国统一战线

党的二十大报告指出：人心是最大的政治，统一战线是凝聚人心、汇聚力量的强大法宝。

（一）完善大统战工作格局

党的二十大报告指出：完善大统战工作格局，坚持大团结大联合，动员全体中华儿女围绕实现中华民族伟大复兴中国梦一起来想、一起来干。

习近平总书记指出，"关于做好新时代党的统一战线工作的重要思想，是党的统一战线百年发展史的智慧结晶，是新时代统战工作的根本指针"。统一战线是我们党克敌制胜、执政兴国的重要法宝，也是团结海内外全体中华儿女实现中华民族伟大复兴的重要法宝。要发挥好统战部门了解情况、掌握政策、协调关系、安排人事、增进共识、加强团结等职能作用，谋求最大公约数，画出最大同心圆，把全体中华儿女的主动性积极性充分调动和激发出来。

（二）发挥新型政党制度优势

党的二十大报告指出：发挥我国社会主义新型政党制度优势，坚持长期共存、互相监督、肝胆相照、荣辱与共，加强同民主党派和无党派人士的团结合作，支持民主党派加强自身建设、更好履行职能。

习近平总书记指出，我国新型政党制度，"新就新在它是马克思主义政党理论同中国实际相结合的产物，能够真实、广泛、持久代表和实现最广大人民根本利益、全国各族各界根本利益，有效避免了旧式政党制度代表少数人、少数利益集团的弊端；新就新在它把各个政党和无党派人士紧密团结起来、为着共同目标而奋斗，有效避免了一党缺乏监督或者多党轮流坐庄、恶性竞争的弊端；新就新在它通过制度化、程序化、规范化的安排集中各种意见和建议、推动决策科学化民主化，有效避免了旧式政党制度囿于党派利益、阶级利益、区域和集团利益决策施政导致社会撕裂的弊端"。习近平总书记的这一重要

讲话深刻阐明了我国新型政党制度的丰富内涵和鲜明特点，为新时代坚持好、发展好、完善好我国新型政党制度指明了前进方向。

（三）铸牢中华民族共同体意识

党的二十大报告指出：以铸牢中华民族共同体意识为主线，坚定不移走中国特色解决民族问题的正确道路，坚持和完善民族区域自治制度，加强和改进党的民族工作，全面推进民族团结进步事业。

民族团结是我国各族人民的生命线，中华民族共同体意识是民族团结之本。铸牢中华民族共同体意识是新时代党的民族工作的主线，是实现中华民族伟大复兴的基础性工程。要增进各族群众对伟大祖国、中华民族、中华文化、中国共产党、中国特色社会主义的认同，牢固树立正确的祖国观、民族观、文化观、历史观，构筑各民族共有精神家园。要使全国各族人民像爱护自己的眼睛一样珍惜民族团结，维护全国各族人民大团结的政治局面，坚决维护国家主权、安全、发展利益，筑牢国家统一、民族团结的钢铁长城。

（四）坚持宗教中国化方向

党的二十大报告指出：坚持我国宗教中国化方向，积极引导宗教与社会主义社会相适应。

推进我国宗教中国化，坚持宗教独立自主自办原则，引导和支持我国宗教以社会主义核心价值观为引领，增进宗教界人士和信教群众对伟大祖国、中华民族、中华文化、中国共产党、中国特色社会主义的认同，在宗教界开展爱国主义、集体主义、社会主义教育，引导宗教界人士、信教群众培育和践行社会主义核心价值观，弘扬中华文化。

（五）密切团结党外人士

党的二十大报告指出：加强党外知识分子思想政治工作，做好新的社会阶层人士工作，强化共同奋斗的政治引领。

党外知识分子和新的社会阶层人士是中国共产党领导的多党合作和政治协商制度的重要组成部分，是中国特色社会主义参政力量。更好地把他们团结在党的周围、发挥他们的重要作用，对于提升我国新型政党制度效能、为实现中华民族伟大复兴更加广泛地凝聚人心和智慧，具有重要意义。

（六）支持非公有制经济发展

党的二十大报告指出：全面构建亲清政商关系，促进非公有制经济健康发展和非公有制经济人士健康成长。

毫不动摇地鼓励、支持、引导非公有制经济发展，为非公有制经济发展提供更多机会。推动构建亲不逾矩、清不远疏的政商关系，营造有利于民营经济发展的政策环境、法治环境、市场环境、社会环境。

（七）加强和改进侨务工作

党的二十大报告指出：加强和改进侨务工作，形成共同致力民族复兴的强大力量。

以凝聚侨心侨力、同圆共享中国梦为主题，最大限度地把海外侨胞和归侨侨眷中蕴藏的巨大能量凝聚起来、发挥出来，促进经济社会发展、促进祖国和平统一、促进中外合作交流。

第七讲

坚持全面依法治国，推进法治中国建设

党的二十大报告指出：全面依法治国是国家治理的一场深刻革命，关系党执政兴国，关系人民幸福安康，关系党和国家长治久安。必须更好发挥法治固根本、稳预期、利长远的保障作用，在法治轨道上全面建设社会主义现代化国家。

一、坚持走中国特色社会主义法治道路

党的二十大报告指出：我们要坚持走中国特色社会主义法治道路，建设中国特色社会主义法治体系、建设社会主义法治国家，围绕保障和促进社会公平正义，坚持依法治国、依法执政、依法行政共同推进，坚持法治国家、法治政府、法治社会一体建设，全面推进科学立法、严格执法、公正司法、全民守法，全面推进国家各方面工作法治化。

中国特色社会主义法治道路的核心要义	
中国共产党的领导	是中国特色社会主义最本质的特征，是社会主义法治最根本的保证
中国特色社会主义制度	是中国特色社会主义法治体系的根本制度基础，是全面推进依法治国的根本制度保障
中国特色社会主义法治理论	是中国特色社会主义法治体系的理论指导和学理支撑，是全面推进依法治国的行动指南

中国特色社会主义法治道路，是社会主义法治建设成就和经验的集中体现，是建设社会主义法治国家的唯一正确道路。全面推进依法治国，必须坚持走中国特色社会主义法治道路，建设中国特色社会主义法治体系，建设社会主义法治国家，这是全面推进依法治国的总目标。

习近平总书记指出，全面依法治国是国家治理的一场深刻革命，是中国特色社会主义的本质要求和重要保障。全面建设社会主义现代化国家、实现中华民族伟大复兴的中国梦，全面深化改革、完善和发展中国特色社会主义制度，提高党的执政能力和执政水平，必须全面推进依法治国。

党的十八大以来，全面依法治国被纳入"四个全面"战略布局，党的十八届四中全会对此专门作出部署，这在党的历史上、在新中国历史上还是第一次。党的十八届四中全会还系统阐述了全面依法治国的重点任务，提出了"五大法治体系"，即加快形成完备的法律规范体系、高效的法治实施体系、严密的法治监督体系、有力的法治保障体系，形成完善的党内法规体系；坚持"一个共同推进"，即依法治国、依法执政、依法行政共同推进；坚持"一个一体建设"，即法治国家、法治政府、法治社会一体建设；全面推进科学立法、严格执法、公正司法、全民守法。

二、完善以宪法为核心的中国特色社会主义法律体系

中国特色社会主义法律体系，是中国特色社会主义永葆本色的法制根基，是中国特色社会主义创新实践的法制体现，是中国特色社会主义兴旺发达的法制保障。

（一）坚持维护宪法权威

党的二十大报告指出：坚持依法治国首先要坚持依宪治国，坚持依法执政首先要坚持依宪执政，坚持宪法确定的中国共产党领导地位不动摇，坚持宪法确定的人民民主专政的国体和人民代表大会制度的政体不动摇。加强宪法实施和监督，健全保证宪法全面实施的制度体系，更好发挥宪法在治国理政中的重要作用，维护宪法权威。

宪法是国家的根本法，是治国安邦的总章程，是党和人民意志的集中体现。我国宪法确立了中国共产党的领导地位。坚持党的全面领导，不仅是全党的意志，也是国家的意志、人民的意志。坚持党的全面领导和全面依法治国是一致的。坚持依法治国最首要的是依宪治国，坚持依法执政最首要的是依宪执政。习近平总书记反复强调，我们讲依宪治国、依宪执政，同西方所谓"宪政"有着本质区别。总体上说，在当代中国，"宪政"这个概念是不适用的。中国共产党领导并长期执政，就是坚定贯彻以宪法为核心的依宪治国、依宪执政。其

 权威评论

李飞（全国人大宪法和法律委员会主任委员）：我国现行宪法颁布实施40周年来，有力坚持了中国共产党领导，有力保障了人民当家作主，有力促进了改革开放和社会主义现代化建设，有力推动了社会主义法治国家进程，有力促进了人权事业发展，有力维护了国家统一、民族团结、社会和谐稳定。为此，习近平总书记深刻指出，我国宪法是符合国情、符合实际、符合时代发展要求的好宪法，是我们国家和人民经受住各种困难和风险考验、始终沿着中国特色社会主义道路前进的根本法制保证。

精髓在于中国共产党是国家最高政治领导力量，党领导人民制定和实施宪法法律，党坚持在宪法法律范围内活动，这比西方所谓的"宪政民主"更广泛、更真实、更管用。我们必须保持高度的政治警惕性和政治鉴别力，防止有人借机渲染炒作西方"宪政"理念和模式，进而否定中国共产党领导和我国社会主义制度。

（二）切实完善立法工作

党的二十大报告指出：加强重点领域、新兴领域、涉外领域立法，统筹推进国内法治和涉外法治，以良法促进发展、保障善治。推进科学立法、民主立法、依法立法，统筹立改废释纂，增强立法系统

党的十八大以来，我国立法工作取得重要进展

党的十八大以来，截至 2022 年 4 月

▸ **立法数量大幅度增加**

全国人大及其常委会新制定法律 **68** 件
通过有关法律问题和重大问题的决定 **99** 件

| 修改法律 **234** 件 | 作出立法解释 **9** 件 | 现行有效法律 **292** 件 |

▸ **法律体系日益完备**
- 2018 年 3 月 11 日，十三届全国人大一次会议通过宪法修正案
- 编纂完成新中国第一部以法典命名的重要法律——民法典
- 重要领域的基础性、综合性、统领性法律相继制定出台
- 对重要领域法律进行了系统全面的修订
- 新兴领域立法取得突破，加强涉外领域立法

▸ **立法形式更加丰富多样**
- 统筹运用立改废释纂等多种立法形式

宪法　民法典
国家安全法　监察法
职业教育法　环境保护法
……

数据来源："中国这十年"系列主题新闻发布会

性、整体性、协同性、时效性。完善和加强备案审查制度。坚持科学决策、民主决策、依法决策，全面落实重大决策程序制度。

增强立法系统性、整体性、协同性、时效性。健全常态化、系统化的立法需求调研和立法资源分配机制，加强全国统一的立法建议收集和协同研究平台建设，加强立法规划指引作用，加强关联领域一揽子推进立法的机制建设，有效克服部门主义、避免重复立法、减少相互冲突等现象。推进以法典化为牵引、以体系化为支撑的高质量立法。把握好法典编纂的规律和特点，注重法典化思维养成，有效汇聚各方面的智慧和共识，适时推动条件成熟的法典编纂工作。完善党内法规与国家法律的有机衔接。加强对关联领域、共同对象行使职权的机制衔接，有效融合依规治党、依法治国的优势。

三、扎实推进依法行政

党的二十大报告指出：法治政府建设是全面依法治国的重点任务和主体工程。转变政府职能，优化政府职责体系和组织结构，推进机构、职能、权限、程序、责任法定化，提高行政效率和公信力。深化事业单位改革。深化行政执法体制改革，全面推进严格规范公正文明执法，加大关系群众切身利益的重点领域执法力度，完善行政执法程序，健全行政裁量基准。强化行政执法监督机制和能力建设，严格落实行政执法责任制和责任追究制度。完善基层综合执法体制机制。

加快转变政府职能，用法治给行政权力定规矩、划界限，坚持法定职责必须为、法无授权不可为，着力实现政府职能深刻转变，把该管的事务管好、管到位，形成边界清晰、分工合理、权责一致、运行高效、法治保障的政府机构职能体系。完善行政决策合法性审查

《法治政府建设实施纲要（2021—2025年）》
规定的法治政府建设的总体目标

总体目标	到2025年	政府行为全面纳入法治轨道，职责明确、依法行政的政府治理体系日益健全，行政执法体制机制基本完善，行政执法质量和效能大幅提升，突发事件应对能力显著增强，各地区各层级法治政府建设协调并进，更多地区实现率先突破，为到2035年基本建成法治国家、法治政府、法治社会奠定坚实基础

制度，规范决策程序，健全政府守信践诺机制，打造市场化、法治化、国际化营商环境，全面提高法治政府建设水平。打牢执法为民的思想基础，建立权责统一、权威高效的行政执法机制，深化执法体制改革，开展精准执法、柔性执法，严防机械办案、功利执法，保证行政机关及其工作人员严格规范公正文明执法，让执法既有力度又有温度，做到执法要求与执法形式相统一、执法效果与社会效果相统一。

四、严格公正司法

党的二十大报告指出：公正司法是维护社会公平正义的最后一道防线。深化司法体制综合配套改革，全面准确落实司法责任制，加快建设公正高效权威的社会主义司法制度，努力让人民群众在每一个司法案件中感受到公平正义。规范司法权力运行，健全公安机关、检察机关、审判机关、司法行政机关各司其职、相互配合、相互制约的体制机制。强化对司法活动的制约监督，促进司法公正。加强检察机关法律监督工作。完善公益诉讼制度。

我国执法司法公信力显著提升

2017年7月—2022年6月底	2018—2020年的扫黑除恶专项斗争
立案 公益诉讼案件 **67万余件**	打掉涉黑组织 **3644个** 打掉涉恶犯罪集团 **11675个**

数据来源："中国这十年"系列主题新闻发布会

当前司法领域司法不作为、慢作为、乱作为和导向不明、尺度不一、制约不力等问题仍然存在，要改变这种状况，一是强化司法公正的价值引导，健全社会主义核心价值观有效融入司法机制，全面落实司法责任制，推进审判体系和审判能力现代化。二是有效统一司法标准和尺度。健全完善上级机关集中对下级机关分歧问题的收集、研究、反馈、发布机制，积极运用大数据推送类似案例等措施健全法律

 深阅读

党的十八大以来，党中央深入推进司法体制改革，采取各种有力举措，推进政法领域全面深化改革，加强对执法司法活动的监督制约，开展政法队伍教育整顿，依法纠正冤错案件，确保执法司法公正廉洁高效权威。立法更具针对性、有效性、可操作性。通过宪法修正案，制定民法典、外商投资法、国家安全法、监察法等法律，修改立法法、国防法、环境保护法等法律，加强重点领域、新兴领域、涉外领域立法，加快完善以宪法为核心的中国特色社会主义法律体系。

（摘编自《奉法者强则国强》，《求是》2022 年第 8 期）

统一适用机制，构建全域、全员、全程促进法治统一的工作格局，排除各种法外力量对依法判案的干预，坚决杜绝违法办案和越权办案。三是完善司法监督制约体系。破解对监督者有效监督难的问题，扭转重监督轻制约和监督重程序轻实体、重大错轻小错的失衡现象。深入推进审判公开、检务公开，以公开促公正。

五、加快建设法治社会

党的二十大报告指出：法治社会是构筑法治国家的基础。弘扬社会主义法治精神，传承中华优秀传统法律文化，引导全体人民做社会主义法治的忠实崇尚者、自觉遵守者、坚定捍卫者。建设覆盖城乡的现代公共法律服务体系，深入开展法治宣传教育，增强全民法治观念。推进多层次多领域依法治理，提升社会治理法治化水平。发挥领导干部示范带头作用，努力使尊法学法守法用法在全社会蔚然成风。

法治信仰不足、义务观念薄弱、人情羁绊突出等问题是影响和制约法治社会建设的难点问题，并且具有长期性、复杂性。为此，要完善法治宣传教育的机制，加强对习近平法治思想进行通俗化阐释，强化立法说明、司法说理，推动普法工作与时俱进创新发展，创新法治宣传方式，在提高针对性、实效性上狠下功夫，强化典型案例对

弘扬社会主义法治精神

引导全体人民做社会主义法治的

| 忠实崇尚者 | 自觉遵守者 | 坚定捍卫者 |

权威评论

　　陈一新（中央政法委委员、秘书长，国家安全部部长）：法治社会是构筑法治国家的基础。如何做到全体人民信仰法治、厉行法治，是一项长期基础性工程。我们要弘扬社会主义法治精神，传承中华优秀传统法律文化，深入开展法治宣传教育，发挥领导干部示范带头作用，推动习近平法治思想深入人心，使尊法学法守法用法在全社会蔚然成风。

公众的行为指引。强化正确法治思维的影响力，加强对公民义务观念、公共意识、依法维权理念的培养，善于运用新技术新方法，春风化雨、润物无声地提升全民法治素养，有力纠正"法不责众""法外施恩""信访不信法"等不良现象，营造公平、透明、可预期的法治环境。

第八讲

推进文化自信自强，铸就社会主义文化新辉煌

一　建设具有强大凝聚力和引领力的社会主义意识形态

二　广泛践行社会主义核心价值观

三　提高全社会文明程度

四　繁荣发展文化事业和文化产业

五　增强中华文明传播力影响力

党的二十大报告指出：全面建设社会主义现代化国家，必须坚持中国特色社会主义文化发展道路，增强文化自信，围绕举旗帜、聚民心、育新人、兴文化、展形象建设社会主义文化强国，发展面向现代化、面向世界、面向未来的，民族的科学的大众的社会主义文化，激发全民族文化创新创造活力，增强实现中华民族伟大复兴的精神力量。

文化兴国运兴，文化强民族强。中华民族实现从站起来、富起来到强起来的伟大飞跃，必然要求文化的大发展大繁荣，必然呼唤建设社会主义文化强国。

党的二十大报告指出：我们要坚持马克思主义在意识形态领域指导地位的根本制度，坚持为人民服务、为社会主义服务，坚持百花齐放、百家争鸣，坚持创造性转化、创新性发展，以社会主义核心价值观为引领，发展社会主义先进文化，弘扬革命文化，传承中华优秀传统文化，满足人民日益增长的精神文化需求，巩固全党全国各族人民团结奋斗的共同思想基础，不断提升国家文化软实力和中华文化影响力。

一、建设具有强大凝聚力和引领力的社会主义意识形态

党的二十大报告指出：意识形态工作是为国家立心、为民族立魂

的工作。牢牢掌握党对意识形态工作领导权，全面落实意识形态工作责任制，巩固壮大奋进新时代的主流思想舆论。健全用党的创新理论武装全党、教育人民、指导实践工作体系。

　　社会主义意识形态关系举什么旗、走什么路，关系以什么样的精神状态实现奋斗目标。只有固本培元、凝魂聚力，不断增强社会主义意识形态凝聚力和引领力，才能不断巩固马克思主义在意识形态领域的指导地位，巩固全党全国各族人民团结奋斗的共同思想基础。随着我国经济社会的深刻变革和利益格局的深刻调整，社会思想观念日益复杂多元，引领思想发展、凝聚思想共识的任务更加艰巨。面对复杂形势和艰巨任务，更需要增强社会主义意识形态的凝聚力和引领力。社会主义意识形态的凝聚力和引领力来自马克思主义的科学性、真理性、人民性、实践性、开放性、时代性，来自马克思主义中国化时代化最新成果对实践展现出的强大解释力和指导力。必须牢牢掌握意识形态工作领导权，全面落实意识形态工作责任制，坚持党管宣传、党管阵地、党管舆论、党管媒体，做到守土有责、守土负责、守土尽责，不断创新意识形态工作方式方法，将主流意识形态中的政治话

建设具有强大凝聚力和引领力的社会主义意识形态

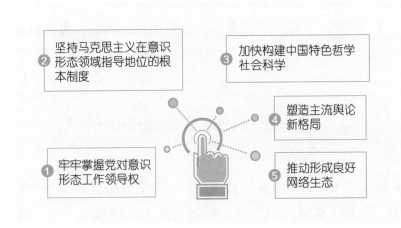

语、理论话语、学术话语转化为人民群众喜闻乐见的生活话语，切实增强意识形态工作的针对性和实效性，让意识形态工作为改革发展稳定明确思想引领、汇聚强大力量、凝聚广泛共识。

党的二十大报告还指出：深入实施马克思主义理论研究和建设工程，加快构建中国特色哲学社会科学学科体系、学术体系、话语体系，培育壮大哲学社会科学人才队伍。加强全媒体传播体系建设，塑造主流舆论新格局。健全网络综合治理体系，推动形成良好网络生态。

2016年5月17日，习近平总书记在哲学社会科学工作座谈会上的讲话中指出："只有以我国实际为研究起点，提出具有主体性、原创性的理论观点，构建具有自身特质的学科体系、学术体系、话语体系，我国哲学社会科学才能形成自己的特色和优势。"坚持以马克思主义为指导，是当代中国特色哲学社会科学建设的根本标志。中国特色哲学社会科学要立足中国、借鉴国外，挖掘历史、把握当代，关怀人类、面向未来，构建具有自身特色的学科体系、学术体系、话语体系，切实增强主体性、原创性，把研究回答新时代重大理论和现实问题作为主攻方向，从理论和实践层面总结概括"中国道路""中国经验""中国方案"蕴含的世界观和方法论，探究全面建设社会主义现代化国家、实现中华民族伟大复兴的规律性和独特性，建设具有中国特色、中国风格、中国气派的哲学社会科学理论体系，为巩固马克思主义在意识形态领域的指导地位提供学理支撑。

二、广泛践行社会主义核心价值观

党的二十大报告指出：社会主义核心价值观是凝聚人心、汇聚民力的强大力量。弘扬以伟大建党精神为源头的中国共产党人精神谱系，用好红色资源，深入开展社会主义核心价值观宣传教育，深化爱国主义、集体主义、社会主义教育，着力培养担当民族复兴大任的时代新人。推动理想信念教育常态化制度化，持续抓好党史、新中国史、改革开放史、社会主义发展史宣传教育，引导人民知史爱党、知史爱国，不断坚定中国特色社会主义共同理想。用社会主义核心价值观铸魂育人，完善思想政治工作体系，推进大中小学思想政治教育一体化建设。坚持依法治国和以德治国相结合，把社会主义核心价值观融入法治建设、融入社会发展、融入日常生活。

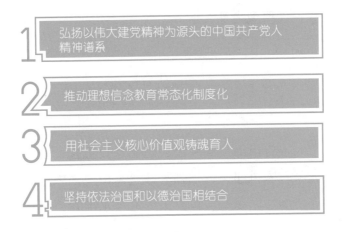

广泛践行社会主义核心价值观

1 弘扬以伟大建党精神为源头的中国共产党人精神谱系

2 推动理想信念教育常态化制度化

3 用社会主义核心价值观铸魂育人

4 坚持依法治国和以德治国相结合

核心价值观是一个民族赖以维系的精神纽带，是一个国家共同的道德基础。社会主义核心价值观是中国特色社会主义的价值表达，是党的理论创新成果的重要内容，是当代中国精神的集中体现，是全体人民共同的价值追求，是凝聚民心汇聚民力的强大力量。社会主义核心价值观源于中国独特的文化传统、独特的历史命运、独特的基本国情，是植根于中华文化沃土又具有当代中国特色的价值观。伟大斗争需要众志成城，伟大工程需要坚定一致，伟大事业需要聚力推进，伟大梦想需要同心共筑，全面建设社会主义现代化国家、全面推进中华民族伟大复兴必须广泛践行社会主义核心价值观。

要推动社会主义核心价值观融入思想道德教育、文化知识教育、社会实践教育各环节，贯穿启蒙教育、基础教育、职业教育、高等教育各领域，体现到教材教学、校风学风建设之中，体现到高校思想政治工作全过程。突出思想内涵，明确价值导向，把培育和践行社会主义核心价值观作为文明城市、文明村镇、文明单位、文明家庭、文明校园创建的根本任务，推动广大文化工作者践行社会主义核心价值观，坚持以人民为中心的创作导向，高扬爱国主义主旋律，唱响时代正气歌。不断深化未成年人思想道德建设，坚持从娃娃抓起，教育引导广大青少年树立远大志向、培育美好心灵，扣好人生第一粒扣子，打牢思想之基、价值观之基。

三、提高全社会文明程度

党的二十大报告指出：实施公民道德建设工程，弘扬中华传统美德，加强家庭家教家风建设，加强和改进未成年人思想道德建设，推动明大德、守公德、严私德，提高人民道德水准和文明素养。

坚持道德认知与道德实践相结合、道德教育与法治保障相统一，发挥各类阵地道德教育作用，抓好重点群体的教育引导，传承中华优秀传统文化、弘扬革命文化、发展社会主义先进文化，扎实推进社会公德、职业道德、家庭美德、个人品德建设，持续强化教育引导、实践养成、制度保障，激发人们形成善良的道德意愿、道德情感，培育正确的道德判断和道德责任。坚持重在建设、以立为本，坚持久久为功、持之以恒，把立德树人贯穿教育全过程，育德于心、成德于行、弘德于治，用良好家教家风涵育道德品行，以先进模范引领道德风尚，以正确舆论营造良好道德环境，以优秀文艺作品陶冶道德情操，

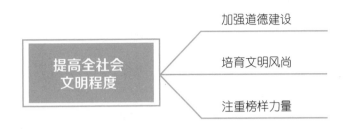

提高全社会文明程度

- 加强道德建设
- 培育文明风尚
- 注重榜样力量

努力推动形成适应新时代要求的思想观念、精神面貌、文明风尚、行为规范。

党的二十大报告还指出：统筹推动文明培育、文明实践、文明创建，推进城乡精神文明建设融合发展，在全社会弘扬劳动精神、奋斗精神、奉献精神、创造精神、勤俭节约精神，培育时代新风新貌。加强国家科普能力建设，深化全民阅读活动。完善志愿服务制度和工作体系。弘扬诚信文化，健全诚信建设长效机制。发挥党和国家功勋荣誉表彰的精神引领、典型示范作用，推动全社会见贤思齐、崇尚英雄、争做先锋。

要加强社会主义精神文明建设，弘扬劳模精神、劳动精神、工匠精神、优秀企业家精神、科学家精神，深化群众性精神文明创建活动，发挥政策法律保障作用、先进人物示范作用、优秀文艺作品熏陶作用，使全体人民保持昂扬向上、奋发有为的精神状态，促进全体人民思想道德素质、科学文化素质和身心健康素质等普遍提高，不断提升国民素质和社会文明程度。广泛开展贴近基层群众的科普活动，坚持科普为民惠民，组织好科技进校园、进课堂等活动，引导青少年学习科学知识、激发科学兴趣，从小种下科学的种子，让科学理念、科学精神在人们心里扎下根。建立统一规范权威的中国特色功勋荣誉表彰制度，增强中国特色社会主义事业凝聚力和感召力，激发全党全军全国各族人民建设社会主义现代化国家的积极性。

问： 劳模精神、劳动精神、工匠精神、优秀企业家精神、科学家精神的内涵是什么？

答： 劳模精神的内涵是爱岗敬业、争创一流、艰苦奋斗、勇于创新、淡泊名利、甘于奉献。劳动精神的内涵是崇尚劳动、热爱劳动、辛勤劳动、诚实劳动。工匠精神的内涵是执着专注、精益求精、一丝不苟、追求卓越。优秀企业家精神的内涵是增强爱国情怀，勇于创新，诚信守法，承担社会责任，拓展国际视野。科学家精神的内涵是胸怀祖国、服务人民的爱国精神，勇攀高峰、敢为人先的创新精神，追求真理、严谨治学的求实精神，淡泊名利、潜心研究的奉献精神，集智攻关、团结协作的协同精神，甘为人梯、奖掖后学的育人精神。

四、繁荣发展文化事业和文化产业

（一）大力发展文化事业

党的二十大报告指出：坚持以人民为中心的创作导向，推出更多增强人民精神力量的优秀作品，培育造就大批德艺双馨的文学艺术家和规模宏大的文化文艺人才队伍。坚持把社会效益放在首位、社会效益和经济效益相统一，深化文化体制改革，完善文化经济政策。实施国家文化数字化战略，健全现代公共文化服务体系，创新实施文化惠民工程。

繁荣发展文化事业和文化产业的"两个坚持"

坚持以人民为中心的创作导向

坚持把社会效益放在首位、社会效益和经济效益相统一

坚持社会主义先进文化前进方向，坚持更好满足人民日益增长的精神文化生活需要，守正创新、固本培元，高擎思想旗帜，高扬主流价值，丰富高品质文化供给，提供高效能文化服务，不断丰富人民精神世界、增强人民精神力量。全面繁荣新闻出版、广播影视、文学艺术、哲学社会科学事业，探索构建有中国特色的文化产品创作、生产、传播、评价机制，用刚健厚重先进质朴的文化滋养民族气质、引领社会风尚，把公共文化服务提高到新水平，为人民群众奉献更多健康营养的精神食粮，着力增强人民文化获得感、幸福感，促进人的全面发展。把发展文艺事业放在突出位置，实施文艺作品质量提升工程，坚持以人民为中心的创作导向，加强现实题材创作生产，不断推出讴歌党、讴歌祖国、讴歌人民、讴歌英雄的精品力作。推进城乡公共文化服务体系一体建设，促进城乡文化协调发展共同繁荣，创新实施文化惠民工程，广泛开展群众性文化活动，推动公共文化数字化建设。

（二）繁荣发展文化产业

党的二十大报告指出：健全现代文化产业体系和市场体系，实施重大文化产业项目带动战略。加大文物和文化遗产保护力度，加强城乡建设中历史文化保护传承，建好用好国家文化公园。坚持以文塑旅、以旅彰文，推进文化和旅游深度融合发展。

大力推动文化领域供给侧结构性改革，坚持把社会效益放在首位、社会效益和经济效益相统一，深化文化体制改革，完善文化产业规划和政策，健全现代文化产业体系和市场体系，推动各类文化市场主体发展壮大，培育新型文化业态和文化消费模式，不断扩大优质文化产品供给，增强文化整体实力和竞争力，推动文化产业高质量发展。大力传承弘扬中华优秀传统文化，加强文物古籍保护、研究、利用，强化重要文化和自然遗产、非物质文化遗产系统性保护，加强各民族优秀传统手工艺保护和传承，推动中华文化展现永久魅力、焕发时代风采。要顺应数字产业化和产业数字化发展趋势，实施文化产业数字化战略，加快发展新型文化企业、文化业态、文化消费模式，改造提升传统文化业态，推动文化产业全面转型升级，提高质量效益和核心竞争力。推进文化和旅游深度融合发展，建设一批富有文化底蕴的世界级旅游景区和度假区，打造一批文化特色鲜明的国家级旅游休闲城市，让人们在领略自然之美中感悟文化之美、陶冶心灵之美。

（三）加快建设体育强国

党的二十大报告指出：广泛开展全民健身活动，加强青少年体育工作，促进群众体育和竞技体育全面发展，加快建设体育强国。

充分发挥体育在推动经济社会发展、促进人的全面发展中的作用，坚持举国体制和市场机制相结合、体育健身同人民健康相结合、弘扬中华体育精神同坚定文化自信相结合，开门开放办体育、强国惠民办体育，不断向体育强国目标迈进，推动体育发展成果转化为国家凝聚力和文化传播力，以体育发展助力国家发展、时代进步、人民幸福。

五、增强中华文明传播力影响力

党的二十大报告指出：坚守中华文化立场，提炼展示中华文明的精神标识和文化精髓，加快构建中国话语和中国叙事体系，讲好中国故事、传播好中国声音，展现可信、可爱、可敬的中国形象。加强国际传播能力建设，全面提升国际传播效能，形成同我国综合国力和国际地位相匹配的国际话语权。深化文明交流互鉴，推动中华文化更好走向世界。

要秉持开放包容、互学互鉴的理念，以更自信的心态、更宽广的胸怀，广泛参与世界文明对话，深入开展同各国文化交流合作，促进对彼此文化文明的理解、欣赏和借鉴，让各国人民更好了解中国，让中国人民更好了解世界。加强国际传播能力建设，完善国际传播工作格局，坚持贴近中国实际、贴近国际关切、贴近国外受众，加强对外话语体系建设，创新对外话语表达方式，打造融通中外的新概念新范畴新表述，增强文化传播亲和力，让世界更好听清中国、读懂中国，

增强中华文明传播力影响力

是提升我国国际话语权、为改革发展稳定营造有利外部舆论环境的迫切需要

是推动构建人类命运共同体的必然要求

必须加强国际传播能力建设

习近平（中共中央总书记、国家主席、中央军委主席）：党的十八大以来，我们大力推动国际传播守正创新，理顺内宣外宣体制，打造具有国际影响力的媒体集群，积极推动中华文化走出去，有效开展国际舆论引导和舆论斗争，初步构建起多主体、立体式的大外宣格局，我国国际话语权和影响力显著提升，同时也面临着新的形势和任务。必须加强顶层设计和研究布局，构建具有鲜明中国特色的战略传播体系，着力提高国际传播影响力、中华文化感召力、中国形象亲和力、中国话语说服力、国际舆论引导力。

提升中国话语的国际影响力。以讲好中国故事为着力点，整合各类资源，推动内宣外宣一体发展，推动反映当代中国发展进步的价值理念、文艺精品、文化成果走向海外，努力进入主流市场、影响主流人群，展现真实、立体、全面的中国，阐释中国理念、中国道路、中国主张，增进理解、扩大认同，把中国故事讲得愈来愈精彩，让中国声音愈来愈洪亮。

第九讲

增进民生福祉，提高人民生活品质

 坚持人民立场

 完善分配制度

 实施就业优先战略

 健全社会保障体系

 推进健康中国建设

党的二十大报告指出：江山就是人民，人民就是江山。中国共产党领导人民打江山、守江山，守的是人民的心。治国有常，利民为本。为民造福是立党为公、执政为民的本质要求。必须坚持在发展中保障和改善民生，鼓励共同奋斗创造美好生活，不断实现人民对美好生活的向往。

一、坚持人民立场

党的二十大报告指出：我们要实现好、维护好、发展好最广大人民根本利益，紧紧抓住人民最关心最直接最现实的利益问题，坚持尽力而为、量力而行，深入群众、深入基层，采取更多惠民生、暖民心举措，着力解决好人民群众急难愁盼问题，健全基本公共服务体系，提高公共服务水平，增强均衡性和可及性，扎实推进共同富裕。

人民立场是马克思主义政党的根本政治立场，全心全意为人民服务是我们党的根本宗旨，群众路线是我们党的根本工作路线。

习近平总书记反复强调人民立场的极端重要性。他指出："为什么人的问题，是检验一个政党、一个政权性质的试金石。"着力践行以人民为中心的发展思想，"体现了我们党全心全意为人民服务的根本宗旨，体现了人民是推动发展的根本力量的唯物史观"。"为人民谋幸福，是中国共产党人的初心。我们要时刻不忘这个初心，永远把人民对美好生活的向往作为奋斗目标。"在党的十八届五中全会上，

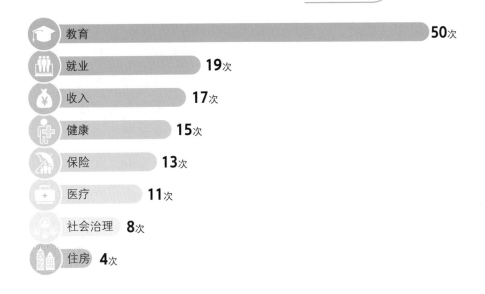

党的二十大报告关于改善民生的高频词语

- 教育 **50**次
- 就业 **19**次
- 收入 **17**次
- 健康 **15**次
- 保险 **13**次
- 医疗 **11**次
- 社会治理 **8**次
- 住房 **4**次

习近平总书记鲜明提出了"以人民为中心的发展思想",强调我们党来自人民、服务人民,党的一切工作,必须以最广大人民根本利益为最高标准。

我们党从成立那天起,就把"人民"这两个大字写在了自己的旗帜上,勇敢地担负起为中国人民谋幸福、为中华民族谋复兴的历史使命。在革命、建设、改革的历史进程中,我们党始终坚持全心全意为人民服务的根本宗旨,贯彻从群众中来、到群众中去的群众路线,坚持一切为了人民、一切相信人民、一切依靠人民,尊重人民的主体地位,尊重人民群众的创造,始终同人民群众同呼吸、共命运、心连心,保持同人民群众的血肉联系。

人民群众是发展的主体,也是发展的受益者。坚持以人民为中心的发展思想,就要把增进人民福祉、促进人的全面发展作为出发点和落脚点,始终坚持立党为公、执政为民,始终坚持人民主体地

　　细读党的二十大报告，"人民"是贯穿始终的一条主线。把握习近平新时代中国特色社会主义思想的世界观和方法论，首先就是要坚持人民至上。前进道路上必须牢牢把握的重大原则，其中之一就是坚持以人民为中心的发展思想。党的二十大报告在部署未来任务时，分了不同领域、部分，但可以看到其内在的相通之处，如加快构建新发展格局、着力推动高质量发展，最终是为了不断给人民带来更高品质的生活。学习党的二十大报告，要充分体会其中的人民情怀，深刻认识发展和稳定、发展和民生、发展和人心的紧密联系，推动发展成果惠及民生、凝聚人心。

　　（摘编自《从二十大报告看未来中国：守的是人民的心》，中央纪委国家监委网站，2022年10月21日，作者：郝思斯）

位，把人民对美好生活的向往作为奋斗目标，紧紧依靠人民创造历史伟业。

二、完善分配制度

　　党的二十大报告指出：分配制度是促进共同富裕的基础性制度。

　　收入分配制度是经济社会发展中一项带有根本性、基础性的制度安排，是社会主义市场经济体制的重要基石。收入分配是实现共同富裕、保障和改善民生、实现发展成果由人民共享的最重要最直接的方式。

1 坚持社会主义基本分配制度

2 完善按要素分配政策制度

3 加大收入分配调节力度

完善分配制度

（一）坚持社会主义基本分配制度体系

党的二十大报告指出：坚持按劳分配为主体、多种分配方式并存，构建初次分配、再分配、第三次分配协调配套的制度体系。努力提高居民收入在国民收入分配中的比重，提高劳动报酬在初次分配中的比重。坚持多劳多得，鼓励勤劳致富，促进机会公平，增加低收入者收入，扩大中等收入群体。

我国实行公有制为主体、多种所有制经济共同发展的基本经济制度，决定了我国的分配制度必然实行按劳分配为主体、多种分配方式并存的方式。

市场经济条件下的收入分配可分为三次分配。初次分配是由市场按照贡献和效益进行分配；再分配是指政府通过税收、社会保障、转移支付等方式对国民收入在初次分配之后进行第二次分配；第三次分配是指通过自愿捐赠等公益慈善事业的方式进行社会救济和社会互助。

初次分配和再分配都要兼顾效率和公平。初次分配更加注重效率，要创造机会公平的竞争环境，维护劳动收入的主体地位，切实提高劳动报酬在初次分配中的比重。再分配更加注重公平，要提高公共资源配置效率，调节初次分配形成的收入和财富过大差距，切实提高居民收入在国民收入分配中的比重，缩小收入差距，促进社会公平正义和共同富裕。第三次分配是对初次分配、再分配的有益补充。要深入研究慈善捐赠对于缩小贫富差距、强化第三次分配的重要作用。

（二）完善按要素分配政策制度

党的二十大报告指出：完善按要素分配政策制度，探索多种渠道增加中低收入群众要素收入，多渠道增加城乡居民财产性收入。

保护各种经济主体依法平等使用生产要素、公平参与市场竞争、同等受到法律保护，形成主要由市场决定生产要素价格的机制。健全劳动、资本、土地、知识、技术、管理、数据等生产要素由市场评价贡献、按贡献决定报酬的机制，探索通过土地、资本等要素使用权和收益权增加中低收入群众要素收入，增加城乡居民住房、农村土地、金融资产等各类财产性收入。促进机会公平，推动更多低收入人群迈入中等收入行列、扩大中等收入群体规模，是完善初次分配制度的重点，也是实现共同富裕的关键环节。要关注重点人群，促进机会公平，在教育、就业、税费、户籍等方面创造有利于帮助他们增加收入的制度和政策环境。

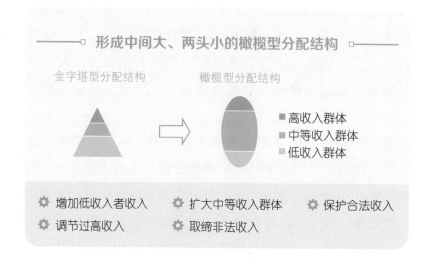

（三）加大收入分配调节力度

党的二十大报告指出：加大税收、社会保障、转移支付等的调节力度。完善个人所得税制度，规范收入分配秩序，规范财富积累机制，保护合法收入，调节过高收入，取缔非法收入。引导、支持有意愿有能力的企业、社会组织和个人积极参与公益慈善事业。

健全以税收、社会保障、转移支付等为主要手段的再分配调节机制，强化税收调节，充分发挥税收制度"提低、扩中、调高"的功能，完善直接税制度并逐步提高其比重。同时，加大宣传慈善文化，积极发展慈善事业，鼓励和引导社会力量通过民间捐赠、慈善事业、志愿行动等方式济困扶弱，在全社会形成乐善好施、互助友爱的良好风气和勤劳工作、回报社会的捐赠意识。

三、实施就业优先战略

党的二十大报告指出：就业是最基本的民生。强化就业优先政策，健全就业促进机制，促进高质量充分就业。健全就业公共服务体系，完善重点群体就业支持体系，加强困难群体就业兜底帮扶。统筹城乡就业政策体系，破除妨碍劳动力、人才流动的体制和政策弊端，消除影响平等就业的不合理限制和就业歧视，使人人都有通过勤奋劳动实现自身发展的机会。健全终身职业技能培训制度，推动解决结构性就业矛盾。完善促进创业带动就业的保障制度，支持和规范发展新就业形态。健全劳动法律法规，完善劳动关系协商协调机制，完善劳动者权益保障制度，加强灵活就业和新就业形态劳动者权益保障。

坚持实施以稳定和扩大就业为基准的宏观调控，坚持经济发展的就业导向，把就业优先战略与稳增长、促改革、调结构、惠民生结合

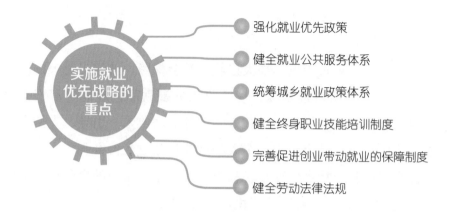

实施就业优先战略的重点

- 强化就业优先政策
- 健全就业公共服务体系
- 统筹城乡就业政策体系
- 健全终身职业技能培训制度
- 完善促进创业带动就业的保障制度
- 健全劳动法律法规

起来，让就业优先战略与宏观经济政策协调配合，扩大就业容量，提升就业质量，促进充分就业，切实把就业指标作为宏观调控取向调整的依据，推动实现更充分更高质量就业。充分发挥劳动力市场机制的调节作用，建设劳动者自主择业、市场充分调节就业、政府有效促进就业的规范统一、灵活高效的人力资源市场，缓解结构性就业矛盾，健全就业需求调查和失业预警监测机制，推进劳动就业领域信息化建设。加快提升劳动者技能素质，以提升劳动者能力水平为核心，健全面向全体劳动者的职业培训制度，健全职业培训体系，贴紧社会、产业、企业、个人发展需求，加快推进高技能人才培养。建立覆盖城乡的就业组织体系、公共创业服务体系，健全劳动保障监察和劳动争议调解仲裁体系，完善国家劳动标准体系，加强劳动保护，保障劳动者合理待遇和合法权益，健全劳动关系诉求表达机制、矛盾调处机制和权益保障机制，不断健全面向城乡劳动者的用工管理和社会保障制度，努力提高公共就业服务的水平，增强劳动关系服务和调节能力，建立规范有序、公正合理、互利共赢、和谐稳定的劳动关系。

四、健全社会保障体系

党的二十大报告指出：社会保障体系是人民生活的安全网和社会运行的稳定器。健全覆盖全民、统筹城乡、公平统一、安全规范、可持续的多层次社会保障体系。完善基本养老保险全国统筹制度，发展多层次、多支柱养老保险体系。实施渐进式延迟法定退休年龄。扩大社会保险覆盖面，健全基本养老、基本医疗保险筹资和待遇调整机制，推动基本医疗保险、失业保险、工伤保险省级统筹。促进多层次医疗保障有序衔接，完善大病保险和医疗救助制度，落实异地就医结算，建立长期护理保险制度，积极发展商业医疗保险。加快完善全国统一的社会保险公共服务平台。健全社保基金保值增值和安全监管体系。健全分层分类的社会救助体系。坚持男女平等基本国策，保障妇女儿童合法权益。完善残疾人社会保障制度和关爱服务体系，促进残疾人事业全面发展。坚持房子是用来住的、不是用来炒的定位，加快建立多主体供给、多渠道保障、租购并举的住房制度。

习近平总书记在主持十九届中央政治局第二十八次集体学习时的讲话中指出："我国社会保障制度改革已进入系统集成、协同高效的阶段。要准确把握社会保障各个方面之间、社会保障领域和其他相关领域之间改革的联系，提高统筹谋划和协调推进能力，确保各项改革形成整体合力。"

要坚持系统观念，坚持全覆盖、保基本、多层次、可持续的基本方针，找准社会保障各个方面的职能定位，理顺相互之间关系，充分整合社会资源，打破信息壁垒，从增强公平性、适应流动性、保证可持续性出发，全面推进社会保障体系建设，大力推进我国社会保障制度改革系统集成。统筹推进与社会保障制度建设关系密切的户籍管

延伸问答

问：党的十八大以来，我国社会保障制度建设取得了哪些突破性进展？

答：社会保障制度建设从增强公平性、适应流动性、保证可持续性出发，不断深化改革并取得了突破性进展。我国基本建成了包括社会保险、社会救助、社会福利、社会优抚在内的世界上规模最大的社会保障体系。中央加强顶层设计，并出台一系列政策措施来推动社会保障体系的公平可持续发展。全面实施全民参保计划；统筹城乡社会保障体系，完善社会救助、社会福利、慈善事业、优抚安置等制度；建立待遇正常调整机制，确保社保基金安全可持续运行。

理、收入分配、公共政策、财税体制等方面的改革，增强社会保障制度对经济社会发展的适应性和制度本身的公平性、可持续性。

坚持应保尽保原则，按照兜底线、织密网、建机制的要求，健全覆盖全民、统筹城乡、公平统一、安全规范、可持续的多层次社会保

健全多层次社会保障体系

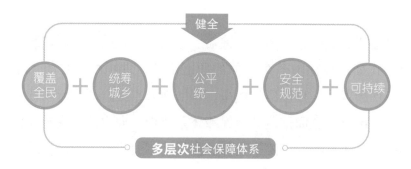

障体系，增强社会保障待遇和服务的公平性、可及性。覆盖全民，就是要不断扩大社会保障覆盖面，努力实现应保尽保和法定人群全覆盖；统筹城乡，就是要统筹推进城乡居民社会保障体系建设，逐步提高城乡居民养老金水平；公平统一，就是要统一社会保障制度，完善基本养老保险全国统筹制度，加快完善全国统一的社会保险公共服务平台，努力实现全体社会成员权利公平、机会公平、规则公平；安全规范，就是要统筹发展和安全，加强社会保障基金规范管理，守住社会保障基金安全底线；可持续，就是要确保各项社会保险基金收支平衡，制度长期稳定运行，促进社会保障事业高质量可持续发展。多层次，就是要加快发展多层次、多支柱养老保险体系，不断满足人民群众多层次多样化的社会保障需求。

保持调控政策的连续性和稳定性，不把房地产作为短期刺激经济的工具和手段，稳妥实施房地产长效机制，增强精准性协调性，因城施策、因地制宜，引导房地产业良性循环和健康发展，努力实现稳地价、稳房价、稳预期目标。

五、推进健康中国建设

党的二十大报告指出：人民健康是民族昌盛和国家强盛的重要标志。

为此，要以普及健康生活、优化健康服务、完善健康保障、建设健康环境、发展健康产业为重点，加快推进健康中国建设，努力全方位、全周期维护和保障人民健康，大幅提高人民健康水平。

（一）保障人民健康

党的二十大报告指出：把保障人民健康放在优先发展的战略位置，

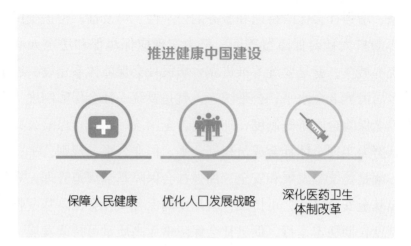

推进健康中国建设

保障人民健康　　优化人口发展战略　　深化医药卫生
　　　　　　　　　　　　　　　　　　　体制改革

完善人民健康促进政策。

以人民健康为中心，把保障人民健康融入经济社会发展各项政策，在完善疾病预防控制体系、提升医疗救治能力、提高人民群众健康水平等方面持续努力，倡导健康文明生活方式，大力普及健康知识，加强公共卫生常识的宣传教育，推动形成有利于健康的生活方式、生产方式和制度体系，构筑健康中国牢固防线，实现人民健康与经济社会协调发展。

（二）优化人口发展战略

党的二十大报告指出：优化人口发展战略，建立生育支持政策体系，降低生育、养育、教育成本。实施积极应对人口老龄化国家战略，发展养老事业和养老产业，优化孤寡老人服务，推动实现全体老年人享有基本养老服务。

持续深化国家人口中长期发展战略和区域人口发展规划研究，组织实施好三孩生育政策，增强生育政策包容性，促进生育政策和相关经济社会政策配套衔接，统筹考虑婚嫁、生育、养育、教育政策制定，健全重大经济社会政策人口影响评估机制，促进人口长期均衡发展。全面减轻家庭生育、养育、教育负担，完善生育休假与生育保险制度，加强对适婚青年婚恋观、家庭观的教育引导。提高优生优育服务水平，加强税收、住房等支持政策，保障女性就业合法权益，发展普惠托育服务体系。推进教育公平与优质教育资源供给，降低家庭教育开支，释放生育政策潜力。

健全养老保险制度体系，稳步有序推进基本养老保险全国统筹，促进基本养老保险基金长期平衡。大力弘扬中华民族孝亲敬老传统美德，切实维护老年人合法权益，完善多层次养老保障体系，加快建设居家社区机构相协调、医养康养相结合的养老服务体系和健康支撑体系。综合考虑人均预期寿命提高、人口老龄化趋势加快、受教育年限增加、劳动力结构变化等因素，按照小步调整、弹性实施、分类推进、统筹兼顾等原则，逐步延迟法定退休年龄，促进人力资源充分利用。

深阅读

党的十八大以来，我国出生人口中二孩及以上占比由政策调整前的 35% 左右提高到近年来的 55% 以上。出生人口性别比逐步趋于正常水平。优生优育水平不断提升，母婴安全得到有力保障。普惠托育服务开局良好，政策法规、标准规范及服务供给体系基本形成。配套支持措施不断完善，切实减轻家庭生育养育负担。要顺应人民群众期盼，将婚嫁、生育、养育、教育一体考虑，加快构建生育支持政策体系，大力发展普惠托育服务，切实解决群众后顾之忧，释放生育潜能，保障人口发展战略目标顺利实现。

（摘编自《中共中央宣传部举行党的十八大以来卫生健康事业发展成就新闻发布会》，国新网，2022 年 9 月 7 日）

（三）深化医药卫生体制改革

党的二十大报告指出：深化医药卫生体制改革，促进医保、医疗、医药协同发展和治理。促进优质医疗资源扩容和区域均衡布局，坚持预防为主，加强重大慢性病健康管理，提高基层防病治病和健康管理能力。深化以公益性为导向的公立医院改革，规范民营医院发展。发展壮大医疗卫生队伍，把工作重点放在农村和社区。重视心理健康和精神卫生。促进中医药传承创新发展。创新医防协同、医防融合机制，健全公共卫生体系，提高重大疫情早发现能力，加强重大疫情防控救治体系和应急能力建设，有效遏制重大传染性疾病传播。深入开展健康中国行动和爱国卫生运动，倡导文明健康生活方式。

促进优质医疗资源扩容和均衡布局，加快构建就医和诊疗新格局，持续推进分级诊疗和优化就医秩序，促进多层次医疗保障体系发展，发挥国家医学中心、国家区域医疗中心的引领辐射作用，发挥省级高水平医院的辐射带动作用，增强市县级医院服务能力，提升基层医疗卫生服务水平。深化医疗、医保、医药联动改革，加快医疗服务价格改革、医保支付方式改革、公立医院人事薪酬制度改革，实现公立医院高质量发展，强化药品供应保障能力，促进中医药振兴发展，深入推动从以治病为中心转变为以人民健康为中心，有效解决看病难、看病贵问题。着力提升疾病预防控制能力，加强医防协同，增强公共卫生服务能力。

第十讲

推动绿色发展，
促进人与自然和谐共生

一　坚持绿水青山就是金山银山

二　建设美丽中国

三　加快发展方式绿色转型

四　深入推进环境污染防治

五　提升生态系统多样性、稳定性、持续性

六　积极稳妥推进碳达峰碳中和

党的二十大报告指出：大自然是人类赖以生存发展的基本条件。尊重自然、顺应自然、保护自然，是全面建设社会主义现代化国家的内在要求。

人与自然的关系是人类社会最基本的关系，保护自然就是保护人类，建设生态文明就是造福人类。坚持人与自然和谐共生，已成为我国生态文明建设的基本原则，也是新时代坚持和发展中国特色社会主义基本方略的重要组成部分。

一、坚持绿水青山就是金山银山

党的二十大报告指出：必须牢固树立和践行绿水青山就是金山银山的理念，站在人与自然和谐共生的高度谋划发展。

"绿水青山就是金山银山"的理念是习近平生态文明思想的重要内容，它深刻揭示了发展与保护自然生态的辩证统一关系，丰富和发展了马克思主义生产力理论，具有重大的思想价值和现实意义。习近平总书记强调："绿水青山既是自然财富、生态财富，又是社会财富、经济财富。""保护生态环境就是保护生产力，改善生态环境就是发展生产力。""生态环境保护和经济发展不是矛盾对立的关系，而是辩证统一的关系。""在生态环境保护上一定要算大账、算长远账、算整体账、算综合账"。"良好生态本身蕴含着无穷的经济价值，能够源源不断创造综合效益，实现经济社会可持续发展。"

发展不应对资源和生态环境竭泽而渔，生态环境保护也不应舍弃经济发展缘木求鱼，而是要坚持在发展中保护、在保护中发展，协同推进经济高质量发展和生态环境高水平保护，努力实现经济效益、环境效益、社会效益多赢，让良好生态环境成为人民生活的增长点、成为经济社会持续健康发展的支撑点，让绿色成为最亮丽的发展底色。

二、建设美丽中国

党的二十大报告指出：我们要推进美丽中国建设，坚持山水林田湖草沙一体化保护和系统治理，统筹产业结构调整、污染治理、生态保护、应对气候变化，协同推进降碳、减污、扩绿、增长，推进生态优先、节约集约、绿色低碳发展。

2018年5月，习近平总书记在全国生态环境保护大会上的讲话中强调："生态是统一的自然系统，是相互依存、紧密联系的有机链条。"要把山水林田湖草沙这一生命共同体作为人类生存发展的物质基础。

翟青（生态环境部副部长、党组成员）：在习近平生态文明思想的科学指引下，我们党把生态文明建设作为关系中华民族永续发展的根本大计，开展了一系列根本性、开创性、长远性的工作，创造了举世瞩目的生态奇迹和绿色发展奇迹，美丽中国建设迈出重大步伐，具体体现在以下几个方面：一是污染防治攻坚向纵深推进……二是生态系统保护修复力度不断加大……三是绿色循环低碳发展迈出坚实步伐。十年来，全党全国建设美丽中国的自觉性和主动性显著增强，全面落实党中央决策部署，绿色版图不断扩展，城乡环境更加宜居，一幅幅"人与自然和谐共生"的美景生动展现出来。

用系统论的思想方法看问题，从系统工程和全局角度寻求新的治理之道。按照生态系统的整体性、系统性及其内在规律，统筹考虑自然生态各要素、山上山下、地上地下、陆地海洋以及流域上下游之间的关系，进行整体保护、系统修复、综合治理，增强生态系统循环能力，维护生态平衡。全方位、全地域、全过程开展生态文明建设，努力打造"青山常在、绿水长流、空气常新"的美丽中国，让广大人民群众望得见山、看得见水、记得住乡愁，在优美生态环境中生产生活。

三、加快发展方式绿色转型

　　党的二十大报告指出：推动经济社会发展绿色化、低碳化是实现高质量发展的关键环节。加快推动产业结构、能源结构、交通运输结构等调整优化。实施全面节约战略，推进各类资源节约集约利用，加快构建废弃物循环利用体系。完善支持绿色发展的财税、金融、投资、价格政策和标准体系，发展绿色低碳产业，健全资源环境要素市场化配置体系，加快节能降碳先进技术研发和推广应用，倡导绿色消费，推动形成绿色低碳的生产方式和生活方式。

（一）加快形成绿色发展方式

贯彻绿色发展理念，调整经济结构和能源结构，优化国土空间开发布局，加快划定并严守生态保护红线、环境质量底线、资源利用上线三条红线。持续推进资源全面节约和循环利用，培育壮大节能环保产业、清洁生产产业、清洁能源产业。推进生产系统和生活系统循环链接，把经济活动、人的行为限制在自然资源和生态环境能够承受的限度内，给自然生态留下休养生息的时间和空间，从根本上解决生态环境问题。坚决摒弃损害甚至破坏生态环境的增长模式，坚决杜绝吃祖宗饭砸子孙碗的发展行为，加快形成节约资源和保护环境的空间格局、产业结构、生产方式、生活方式。

推动经济社会发展绿色化、低碳化是实现高质量发展的关键环节。高质量发展是绿色发展成为普遍形态的发展。必须改变大量生产、大量消耗、大量排放的粗放型生产模式，推动经济社会发展建立在资源高效利用和绿色低碳循环发展的基础之上。同时，绿色产业在孕育新技术、催生新业态、创造新供给、形成新需求等方面能够发挥巨大作用，为高质量发展提供强大绿色发展动能。

健全资源环境要素市场化配置体系，是我国资源环境领域一项重大的、基础性的机制创新，是充分发挥市场在资源环境要素配置中起决定性作用的一项重要制度改革，对于提升资源环境要素优化配置和节约集约安全利用水平具有重要作用。资源环境要素市场化配置体系，是指在政府设定总量管理目标和科学初始分配配额基础上，由各市场主体以实际使用或排放额同初始配额之间的差额余缺为标的，对于排污权、用能权、用水权、碳排放权等重要资源环境要素开展市场化交易的一整套制度体系。健全资源环境要素市场化配置体系，有助于形成各类市场主体内在激励和约束机制，对于改善环境质量，节约利用资源推动技术进步具有很强的杠杆效应。

（二）推动形成绿色低碳的生产方式和生活方式

推动经济社会发展绿色化、低碳化是满足人民日益增长的优美生态环境需要的必然要求。高质量发展是满足人民日益增长的美好生活需要的发展。随着我国经济发展和人民生活水平的提高，人民的基本需要在发生深刻变化，不仅包括物质财富、精神财富需要，还包括优美生态环境需要。生态环境在人民生活幸福指数中的重要性不断凸显。因此，我们必须促进经济社会发展全面绿色转型，发展绿色低碳产业，倡导绿色消费，推动形成绿色低碳的生产方式和生活方式，为人们提供更多优质生态产品，努力实现生态保护、经济发展、民生改

善相统一。同时，开展全民绿色行动，在全社会牢固树立生态文明理念，增强全民节约意识、环保意识、生态意识，完善绿色产品推广机制，扩大低碳绿色产品供给，开展创建节约型机关和绿色家庭、绿色学校、绿色社区等活动。通过生活方式绿色革命，倒逼生产方式绿色转型，把建设美丽中国转化为全体人民自觉行动，努力让天更蓝地更绿水更清。

四、深入推进环境污染防治

党的二十大报告指出：坚持精准治污、科学治污、依法治污，持续深入打好蓝天、碧水、净土保卫战。加强污染物协同控制，基本消除重污染天气。统筹水资源、水环境、水生态治理，推动重要江河湖库生态保护治理，基本消除城市黑臭水体。加强土壤污染源头防控，开展新污染物治理。提升环境基础设施建设水平，推进城乡人居环境整治。全面实行排污许可制，健全现代环境治理体系。严密防控环境风险。深入推进中央生态环境保护督察。

坚持精准、科学、依法治污，深入打好污染防治攻坚战，持续提升生态系统质量，强化生态保护监管，严密防控环境风险，保障生态环境安全。强化对环境问题成因机理以及时空和内在演变规律研究，组织开展生态环境领域科技攻关和技术创新。综合运用行政、市场、法治、科技等多种手段，因地制宜、科学施策，提高污染治理的针对性、科学性、有效性。提升生态环境监管执法效能，建立完善现代化生态环境监测体系，开展污染防治攻坚战成效考核，进一步强化考核结果运用。继续开展农村环境综合整治，建设美丽宜居乡村。

以蓝天、碧水、净土保卫战为主攻方向，继续打好一批标志性战役，力争在重点区域、重要领域、关键指标上实现新突破。以细颗粒物和臭氧协同控制为主线，进一步提升空气环境质量；统筹水环境治理、水生态保护、水资源利用，增强水生态系统服务功能；持续实施土壤污染防治行动，有效管控土壤污染环境风险。

五、提升生态系统多样性、稳定性、持续性

党的二十大报告指出：以国家重点生态功能区、生态保护红线、自然保护地等为重点，加快实施重要生态系统保护和修复重大工程。推进以国家公园为主体的自然保护地体系建设。实施生物多样性保护重大工程。科学开展大规模国土绿化行动。深化集体林权制度改革。推行草原森林河流湖泊湿地休养生息，实施好长江十年禁渔，健全耕地休耕轮作制度。建立生态产品价值实现机制，完善生态保护补偿制度。加强生物安全管理，防治外来物种侵害。

要保护并有效恢复自然生态系统承载能力，坚持用养结合，聚焦水土脆弱、缺林少绿等突出问题，实施专项治理，合理降低开发利用强度，抓紧补齐生态系统的短板，全面提升自然生态服务功能，实现资源永续利用。做好生物多样性监测调查，健全生物多样性观测网络，综合分析生物物种的丰富程度、珍稀濒危程度、受威胁程度，及时掌握生物多样性动态变化趋势，提高生物多样性的预警水平。优化种植结构，合理确定轮作改种作物和休耕的重点品种，全面提升农业生态系统的质量和效率。实施好长江"十年禁渔"，抓好精准退捕，开展全面彻底清查，保障退捕渔民生计。稳定林区农村基本经营制度，以林地流转、林业合作经济组织发展和农村公共产品供给为着力点，深化集体林权制度改革。加快完善以提升公共服务保障能力为基本取向的综合补偿制度，形成以受益者付费原则为基础的市场化、多元化生态保护补偿格局。

六、积极稳妥推进碳达峰碳中和

党的二十大报告指出：实现碳达峰碳中和是一场广泛而深刻的经济社会系统性变革。立足我国能源资源禀赋，坚持先立后破，有计划分步骤实施碳达峰行动。完善能源消耗总量和强度调控，重点控制化石能源消费，逐步转向碳排放总量和强度"双控"制度。推动能源清洁低碳高效利用，推进工业、建筑、交通等领域清洁低碳转型。深入推进能源革命，加强煤炭清洁高效利用，加大油气资源勘探开发和增储上产力度，加快规划建设新型能源体系，统筹水电开发和生态保

中国碳达峰碳中和目标

《中共中央国务院关于完整准确全面贯彻新发展理念做好碳达峰碳中和工作的意见》提出碳达峰碳中和主要目标

到 2025 年	到 2030 年	到 2060 年
单位 GDP 能耗比 2020 年下降 13.5%	单位 GDP 能耗大幅下降	绿色低碳循环发展的经济体系和清洁低碳安全高效的能源体系全面建立，能源利用效率达到国际先进水平，非化石能源消费比重达到 80% 以上，碳中和目标顺利实现
单位 GDP 二氧化碳排放比2020年下降18%	单位GDP二氧化碳排放比2005年下降 65% 以上	
非化石能源消费比重达到 20% 左右	非化石能源消费比重达到 25% 左右，风电、太阳能发电总装机容量达到 12 亿千瓦以上	
森林覆盖率达到24.1%，森林蓄积量达到180亿立方米，为实现碳达峰、碳中和奠定坚实基础	森林覆盖率达到 25% 左右，森林蓄积量达到 190 亿立方米，二氧化碳排放量达到峰值并实现稳中有降	

20% 左右	25% 左右	80% 以上
2025年	2030年	2060年

非化石能源消费比重

护，积极安全有序发展核电，加强能源产供储销体系建设，确保能源安全。完善碳排放统计核算制度，健全碳排放权市场交易制度。提升生态系统碳汇能力。积极参与应对气候变化全球治理。

坚持降碳、减污、扩绿、增长协同推进，坚持全国统筹、节约优先、双轮驱动、内外畅通、防范风险的原则，明确责任主体、工作任务、完成时间，立足我国能源资源禀赋，加强政策衔接，坚持先立后破、通盘谋划，科学把握、稳妥有序推进碳减排碳达峰工作，同时确保能源安全、产业链供应链安全、粮食安全，确保群众正常生活。

建立低碳循环发展经济体系，加快推动绿色发展和能源革命，调整能源结构，控制化石能源消费，有序减量替代，大力推进煤炭清洁高效利用，大力推动煤电节能降碳改造、灵活性改造、供热改造"三改联动"。把促进新能源和清洁能源发展放在更加突出的位置，积极有序发展光能源、硅能源、氢能源、可再生能源。加快发展有规模有效益的风能、太阳能、生物质能、地热能、海洋能、氢能等新能源，统筹水电开发和生态保护，积极安全有序发展核电。推动能源技术与现代信息、新材料和先进制造技术深度融合，探索能源生产和消费新模式。

完善绿色低碳政策体系，优化财税、价格、投资、金融政策。健全"双碳"标准，构建统一规范的碳排放统计核算体系，推动转向碳排放的总量和强度"双控"制度。完善碳定价机制，坚决遏制高耗能、高排放、低水平项目盲目发展。推进重点行业绿色化改造，大力推动钢铁、有色金属、石化、化工、建材等传统产业优化升级。加大货物运输结构调整力度，壮大节能环保等产业，支持有条件的地方和重点行业、重点企业率先达峰。

秉持人类命运共同体理念，以更加积极的姿态参与全球气候谈判议程和国际规则制定，推动构建公平合理、合作共赢的全球气候治理体系。

第十一讲

推进国家安全体系和能力现代化，坚决维护国家安全和社会稳定党的二十大报告指出：国家安全是民族复兴的根基，社会稳定是国家强盛的前提。

全面建设社会主义现代化国家，必须推进国家安全体系和能力现代化。

一、贯彻总体国家安全观

党的二十大报告指出：必须坚定不移贯彻总体国家安全观，把维护国家安全贯穿党和国家工作各方面全过程，确保国家安全和社会稳定。

习近平总书记就贯彻总体国家安全观提出"十个坚持"

1 坚持党对国家安全工作的绝对领导

2 坚持中国特色国家安全道路

3 坚持以人民安全为宗旨

4 坚持统筹发展和安全

5 坚持把政治安全放在首要位置

6 坚持统筹推进各领域安全

7 坚持把防范化解国家安全风险摆在突出位置

8 坚持推进国际共同安全

9 坚持推进国家安全体系和能力现代化

10 坚持加强国家安全干部队伍建设

2014 年 4 月 15 日，习近平总书记在中央国家安全委员会第一次会议上创造性提出总体国家安全观。总体国家安全观涵盖政治、军事、国土、经济、金融、文化、社会、科技、网络、粮食、生态、资源、核、海外利益、太空、深海、极地、生物、人工智能、数据等诸多领域，为新形势下保障人民安康、社会安定、国家安稳提供了基本遵循，为维护和塑造中国特色国家安全提供了行动指南。

面对波谲云诡的国际形势、复杂敏感的周边环境、艰巨繁重的改革发展稳定任务和向第二个百年奋斗目标进军的要求，必须坚决贯彻总体国家安全观，坚持走中国特色国家安全道路，立足国际秩序大变局和我国发展重要战略机遇期大背景，认清国家安全新形势新任务新要求，始终把国家安全置于中国特色社会主义事业全局中来把握，牢牢掌握维护国家安全的战略主动权。不断提高战略思维、历史思维、辩证思维、创新思维、法治思维、底线思维、系统思维能力，下好先手棋、打好主动仗，发扬斗争精神、增强斗争本领，有效应对重大挑战、抵御重大风险、克服重大阻力、解决重大矛盾，全面加强国家安全工作。不断完善国家安全战略体系，构建国家安全体系框架，建立国家安全工作协调机制，防范和化解影响我国现代化进程的各种风险，塑造总体有利的国家安全战略态势，守住不发生系统性风险和不犯颠覆性错误的底线，为建设社会主义现代化国家提供坚强保障。

因此，党的二十大报告指出：我们要坚持以人民安全为宗旨、以政治安全为根本、以经济安全为基础、以军事科技文化社会安全为保障、以促进国际安全为依托，统筹外部安全和内部安全、国土安全和国民安全、传统安全和非传统安全、自身安全和共同安全，统筹维护和塑造国家安全，夯实国家安全和社会稳定基层基础，完善参与全球安全治理机制，建设更高水平的平安中国，以新安全格局保障新发展格局。

二、健全国家安全体系

党的二十大报告指出：坚持党中央对国家安全工作的集中统一领导，完善高效权威的国家安全领导体制。强化国家安全工作协调机制，完善国家安全法治体系、战略体系、政策体系、风险监测预警体系、国家应急管理体系，完善重点领域安全保障体系和重要专项协调指挥体系，强化经济、重大基础设施、金融、网络、数据、生物、资源、核、太空、海洋等安全保障体系建设。健全反制裁、反干涉、反"长臂管辖"机制。完善国家安全力量布局，构建全域联动、立体高效的国家安全防护体系。

坚持党对国家安全工作的绝对领导，完善集中统一、高效权威的国家安全领导体制，实施更为有力的统领和协调。进一步发挥中央国家安全委员会统筹国家安全事务的作用，进一步完善国家安全工作机制，加强国家安全工作组织协调，统筹国家安全各领域、各要素、各

完善国家安全体系

完善国家安全法治体系

完善国家安全战略体系

完善国家安全政策体系

完善国家安全风险监测预警体系

完善国家应急管理体系

完善重点领域安全保障体系

完善重要专项协调指挥体系

层面，健全国家安全法律制度体系，完善国家安全战略和国家安全政策，健全国家安全保障体制机制，建立健全跨部门跨地区国家安全风险研判、防控协同、防范化解联合工作机制，着力在提高把握全局、谋划发展的战略能力上下功夫，严密防范和坚决打击各种渗透颠覆破坏活动、暴力恐怖活动、民族分裂活动、宗教极端活动，不断增强驾驭风险、迎接挑战的本领。

三、增强维护国家安全能力

党的二十大报告指出：坚定维护国家政权安全、制度安全、意识形态安全，加强重点领域安全能力建设，确保粮食、能源资源、重要产业链供应链安全，加强海外安全保障能力建设，维护我国公民、法

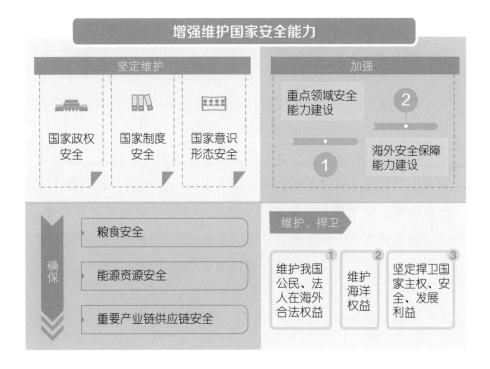

人在海外合法权益，维护海洋权益，坚定捍卫国家主权、安全、发展利益。提高防范化解重大风险能力，严密防范系统性安全风险，严厉打击敌对势力渗透、破坏、颠覆、分裂活动。全面加强国家安全教育，提高各级领导干部统筹发展和安全能力，增强全民国家安全意识和素养，筑牢国家安全人民防线。

把政治安全作为根本，巩固政权安全和制度安全，坚决维护中国共产党的领导和执政地位、维护中国特色社会主义制度，切实加强意识形态工作，持续巩固壮大主流舆论强势，严密防范和坚决打击各种渗透颠覆破坏活动。

坚决维护国家主权、安全、发展利益，提升维护国土安全能力，加强边防、海防、空防建设，坚决捍卫领土主权和海洋权益，决不拿自己的核心利益做交易，决不放弃自己的正当权益，有效遏制侵害国家安全的各种图谋和行为，筑牢国家安全的铜墙铁壁。保护海外中国公民、组织和机构的基本安全和正当权益，维护我国海外利益安全，

 权威声音

习近平（中共中央总书记、国家主席、中央军委主席）：要坚持党对国家安全工作的绝对领导，实施更为有力的统领和协调。中央国家安全委员会要发挥好统筹国家安全事务的作用，抓好国家安全方针政策贯彻落实，完善国家安全工作机制，着力在提高把握全局、谋划发展的战略能力上下功夫，不断增强驾驭风险、迎接挑战的本领。要加强国家安全系统党的建设，坚持以政治建设为统领，教育引导国家安全部门和各级干部增强"四个意识"、坚定"四个自信"，坚决维护党中央权威和集中统一领导，建设一支忠诚可靠的国家安全队伍。

建立强有力的海外利益安全保障体系。

增强全党全国人民国家安全意识，形成全社会共同维护公共安全的良好局面，将国家的公共安全决策转化为全民维护公共安全的实际行动和巨大合力。

四、提高公共安全治理水平

党的二十大报告指出：坚持安全第一、预防为主，建立大安全大应急框架，完善公共安全体系，推动公共安全治理模式向事前预防转型。推进安全生产风险专项整治，加强重点行业、重点领域安全监管。提高防灾减灾救灾和重大突发公共事件处置保障能力，加强国家区域应急力量建设。强化食品药品安全监管，健全生物安全监管预警防控体系。加强个人信息保护。

公共安全以保障人民生命财产安全、社会安定有序和经济社会系统的持续运行为核心目标，是国家安全的重要领域，与人民群众生命财产安全密切相关，直接关系人民群众的获得感、幸福感、安全感。

构建全方位、立体化、多维度的公共安全防护体系，充分运用复杂系统动力学、大数据、云计算、物联网等现代科学技术手段，提高公共安全体系科学化精细化水平，提升公共安全的联动响应和应急管控能力，全面加强公共安全风险评估、预防准备、监测预警、态势研判、救援处置、综合保障等各个环节的专业水平，加强防灾减灾预警系统、国家专业救援队伍、国家应急物资装备、国家应急通信系统、国家应急运输保障系统等能力建设，推动公共安全领域的相关部门协同管理、相互配合、共同发力。

构建覆盖专业人才培养与基层民众科普的公共安全教育体系，完善公共安全学科建设和教育体系，建设一批公共安全体验、培训、演

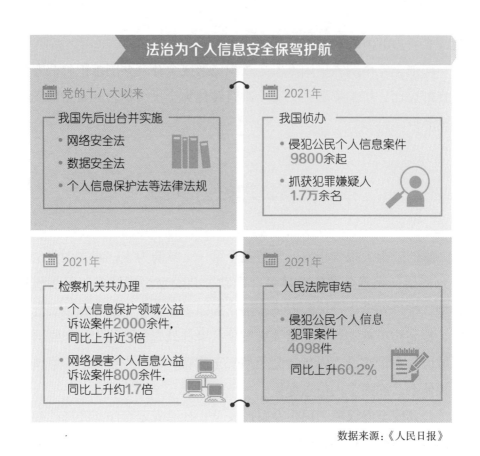

法治为个人信息安全保驾护航

党的十八大以来

我国先后出台并实施
- 网络安全法
- 数据安全法
- 个人信息保护法等法律法规

2021年

我国侦办
- 侵犯公民个人信息案件 9800余起
- 抓获犯罪嫌疑人 1.7万余名

2021年

检察机关共办理
- 个人信息保护领域公益诉讼案件2000余件，同比上升近3倍
- 网络侵害个人信息公益诉讼案件800余件，同比上升约1.7倍

2021年

人民法院审结
- 侵犯公民个人信息犯罪案件4098件 同比上升60.2%

数据来源：《人民日报》

练基地，着力提高民众的安全意识、安全素质和自救互救能力。

五、完善社会治理体系

党的二十大报告指出：健全共建共治共享的社会治理制度，提升社会治理效能。在社会基层坚持和发展新时代"枫桥经验"，完善正确处理新形势下人民内部矛盾机制，加强和改进人民信访工作，畅通和规范群众诉求表达、利益协调、权益保障通道，完善网格化管理、精细化服务、信息化支撑的基层治理平台，健全城乡社区治理体系，及时把矛盾纠纷化解在基层、化解在萌芽状态。加快推进市域社会治理现代化，提高市域社会治理能力。强化社会治安整体防控，推进扫黑除恶常态化，依法严惩群众反映强烈的各类违法犯罪活动。发展壮大群防群治力量，营造见义勇为社会氛围，建设人人有责、人人尽责、人人享有的社会治理共同体。

打造共建共治共享的社会治理格局，完善党委领导、政府负责、社会协同、公众参与、法治保障的社会治理体制。完善各司其职、各负其责、相互配合、齐抓共管的社会治理协同监管机制。针对城市和乡村的不同特点与实际情况，坚持源头治理、系统治理、依法治理、综合治理，完善依法有效预防和化解社会风险的体制机制，使社会治理成效更多、更公平地惠及全体人民。

树立强基固本思想，坚持和发展"枫桥经验"，牢牢抓住基层基础这一本源，最大限度把矛盾风险防范化解在基层，实现小事不出

 深阅读

20 世纪 60 年代初，浙江诸暨枫桥的干部群众创造了"发动和依靠群众，坚持矛盾不上交，就地解决，实现捕人少、治安好"的"枫桥经验"。1963 年，"枫桥经验"经毛泽东批示后在全国推广。多年来"枫桥经验"历久弥新、经久不衰，成为我国政法综治战线的一面光辉旗帜。党的十八大以来，习近平总书记提出了一系列社会治理的新理念新思想新战略，特别是对坚持发展"枫桥经验"作出重要指示，要求把"枫桥经验"坚持好、发展好，把党的群众路线坚持好、贯彻好。

（摘编自《坚持和发展新时代"枫桥经验"》，《求是》2018 年第 23 期，作者：马卫光）

村、大事不出镇、矛盾不上交。坚持重心下移、力量下沉、资源下投，加强基层社会治理队伍建设，培育基层党组织带头人。加强对城乡社区工作者和网格管理员队伍的教育培训、规范管理、职业保障、表彰奖励，有效激发工作积极性。构建网格化管理、精细化服务、信息化支撑的基层治理服务平台，建立健全富有活力和效率的新型基层治理体系。善于运用法治、民主、协商的办法处理人民内部矛盾，促进社会既充满活力又和谐有序。

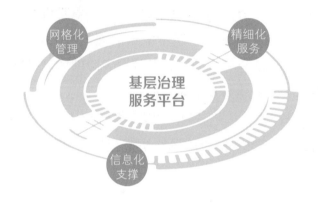

建立政社分开、权责明确、依法自治的社会组织制度，激发社会组织在参与社会事务、维护公共利益等方面的活力，扶持发展城乡基层生活服务类、公益慈善类、专业调处类、治保维稳类等社会组织，发挥它们在社会治理中的重要作用，发挥市民公约、乡规民约、行业规章、团体章程等社会规范在社会治理中的积极作用。

加强社会治理制度建设，全面提升社会治理法治化水平，推进社会治理制度化、规范化，依靠法治维护社会秩序、解决社会问题、协调利益关系、推动社会事业发展。

第十二讲

实现建军一百年奋斗目标，开创国防和军队现代化新局面

一　贯彻习近平强军思想

二　如期实现建军一百年奋斗目标

三　全面加强人民军队党的建设，确保枪杆子永远听党指挥

四　全面加强练兵备战，提高人民军队打赢能力

五　全面加强军事治理

六　巩固提高一体化国家战略体系和能力

党的二十大报告指出：如期实现建军一百年奋斗目标，加快把人民军队建成世界一流军队，是全面建设社会主义现代化国家的战略要求。必须贯彻新时代党的强军思想，贯彻新时代军事战略方针，坚持党对人民军队的绝对领导，坚持政治建军、改革强军、科技强军、人才强军、依法治军，坚持边斗争、边备战、边建设，坚持机械化信息化智能化融合发展，加快军事理论现代化、军队组织形态现代化、军事人员现代化、武器装备现代化，提高捍卫国家主权、安全、发展利益战略能力，有效履行新时代人民军队使命任务。

一、贯彻习近平强军思想

习近平强军思想坚持马克思主义军事理论的立场、观点、方法，准确把握世情国情军情的深刻变化，作出一系列新的重大判断、新的理论概括、新的战略安排，内涵丰富、思想深邃，是一个具有时代性引领性独创性的科学理论体系，是党的军事指导理论创新的最新成果，是新时期党的创新理论的"军事篇"，开辟了当代中国马克思主义军事理论和军事实践发展的新境界，为实现党在新时代强军目标、把人民军队全面建成世界一流军队提供了根本引领和科学指南。

新时代 10 年来，国防和军队建设取得历史性成就、发生历史性变革，最根本的就在于有习近平强军思想的科学指引。

二、如期实现建军一百年奋斗目标

党的十九大着眼于国家安全和发展战略全局，对国防和军队现代化建设作出"三步走"的战略安排，强调要确保到 2020 年基本实现机械化，信息化建设取得重大进展，战略能力有大的提升；力争到 2035 年基本实现国防和军队现代化，到本世纪中叶把人民军队全面建成世界一流军队。

党的十九届五中全会进一步确定了加快国防和军队现代化建设的目标任务和发展步骤，提出了 2027 年实现建军 100 年奋斗目标的新要求。

党的十九届六中全会义提出了国防和军队现代化新"三步走"战略目标。《中共中央关于党的百年奋斗重大成就和历史经验的决议》指出：党提出新时代的强军目标，确立新时代军事战略方针，制定到 2027 年实现建军 100 年奋斗目标、到 2035 年基本实现国防和军队现代化、到本世纪中叶全面建成世界一流军队的国防和军队现代化新"三步走"战略。国防和军队现代化新"三步走"战略使强军兴军的

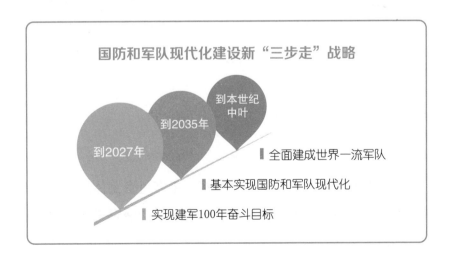

习近平（中共中央总书记、国家主席、中央军委主席）：我军学习宣传贯彻党的二十大精神，要把聚焦点和着力点放在实现建军一百年奋斗目标上，这是未来5年我军建设的中心任务，必须全力以赴，务期必成。要深化对新时代党的强军思想理解认识，切实学懂弄通做实，转化为推进强军事业的强大力量。要强化进取意识，坚持问题导向，在勇于变革、攻坚克难中开拓前进。要真抓实干、埋头苦干，把担负的任务不折不扣落到实处，确保如期实现建军一百年奋斗目标。

战略路径更加科学清晰。

实现建军100年奋斗目标，是党中央和中央军委把握强国强军时代要求作出的重大决策，是关系国家安全和发展全局的重大任务，是国防和军队现代化新"三步走"战略十分紧要的一步。推进实现建军100年奋斗目标，是关系我军建设全局的一场深刻变革，要搞好科学统筹，坚持以战领建，加强创新突破，转变发展理念，创新发展模式，抓好重点任务，增强发展动能，加快工作进度，保证工作质量。

三、全面加强人民军队党的建设，确保
枪杆子永远听党指挥

党的二十大报告指出：健全贯彻军委主席负责制体制机制。深化党的创新理论武装，开展"学习强军思想、建功强军事业"教育实践活动。加强军史学习教育，繁荣发展强军文化，强化战斗精神培育。

建强人民军队党的组织体系，推进政治整训常态化制度化，持之以恒正风肃纪反腐。

党对人民军队的绝对领导是中国特色社会主义的本质特征，是党和国家的重要政治优势，是人民军队的建军之本、强军之魂。

坚持党领导人民军队的一系列根本原则和制度，是我们党在血与火的斗争中得出的颠扑不破真理。人民军队是党缔造的，一诞生便与党紧紧地联系在一起，始终在党的绝对领导下行动和战斗。建军以来，人民军队之所以能始终保持强大的凝聚力、向心力、战斗力，经受住各种考验，不断从胜利走向胜利，最根本的就是因为枪杆子始终掌握在党的手里。正是因为有党的坚强领导，才保证了人民军队在长期复杂斗争中没有迷失方向，才保证了国家的长治久安。推进强军事业，建设世界一流军队，必须毫不动摇、始终不渝坚持党对人民军队绝对领导，加强以党的创新理论武装全军，全面推进军队党的政治建设、思想建设、组织建设、作风建设、纪律建设，把制度建设贯穿其中，深入推进反腐败斗争，培养有灵魂、有本事、有血性、有品德的新一代革命军人，锻造铁一般信仰、铁一般信念、铁一般纪律、铁一般担当的过硬部队，确保部队绝对忠诚、绝对纯洁、绝对可靠，确保

坚持党对人民军队绝对领导的根本原则和主要制度

根本原则	制度（主要包括）
✓ 党对人民军队绝对领导是独立的、直接的、全面的领导	✓ 人民军队最高领导权和指挥权属于党中央和中央军委，中央军委实行主席负责制
✓ 人民军队必须坚持党的领导的唯一性、彻底性、无条件性，完全地无条件地置于党的领导之下	✓ 实行党委制、政治委员制、政治机关制
	✓ 实行党委（支部）统一的集体领导下的首长分工负责制
	✓ 实行支部建在连上

人民军队永远跟党走。

军委主席负责制是党对人民军队绝对领导的制度"龙头",是确保国家长治久安的"定海神针"。落实党对人民军队绝对领导,首要的是维护和贯彻军委主席负责制,强化"四个意识",坚决做到"两个维护",始终在政治立场、政治方向、政治原则、政治道路上同党中央、习近平主席保持高度一致,一切行动听从党中央、习近平主席指挥。坚持党对军队绝对领导,全面加强人民军队党的建设,要构建系统完备的人民军队党的建设制度体系,狠抓各项制度贯通落实,尤其要坚决、全面、具体、无条件地贯彻军委主席负责制,确保习近平主席号令直达末端、直达官兵。

四、全面加强练兵备战,提高人民军队打赢能力

党的二十大报告指出:研究掌握信息化智能化战争特点规律,创新军事战略指导,发展人民战争战略战术。打造强大战略威慑力量体系,增加新域新质作战力量比重,加快无人智能作战力量发展,统筹网络信息体系建设运用。优化联合作战指挥体系,推进侦察预警、联合打击、战场支撑、综合保障体系和能力建设。深入推进实战化军事训练,深化联合训练、对抗训练、科技练兵。加强军事力量常态化多样化运用,坚定灵活开展军事斗争,塑造安全态势,遏控危机冲突,打赢局部战争。

深入贯彻新时代军事战略方针,坚持积极防御战略思想,与时俱进创新军事战略指导,适应国家安全环境深刻变化,适应战争形态和作战样式发展趋势,统筹推进传统安全领域和新型安全领域军事斗争准备,整体运筹备战与止战、维权与维稳、威慑与实战、战争行动与和平时期军事力量运用,更加注重聚焦实战、更加注重创新驱动、更

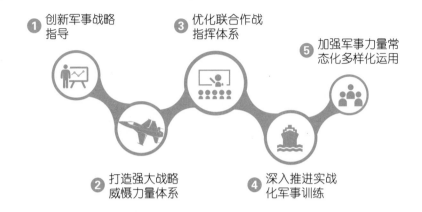

提高人民军队打赢能力

1 创新军事战略指导

2 打造强大战略威慑力量体系

3 优化联合作战指挥体系

4 深入推进实战化军事训练

5 加强军事力量常态化多样化运用

加注重体系建设、更加注重集约高效、更加注重军民融合。坚持以军事斗争准备为"龙头"带动现代化建设，牢固树立战斗力这个唯一的根本的标准，坚持用有利于提高战斗力来衡量和检验各项工作。加快提高基于网络信息体系的联合作战能力、全域作战能力，建设坚强高效的战区联合作战指挥机构和科学完备的联合作战体制机制。加快构建中国特色现代作战体系，扎实做好各战略方向军事斗争准备，全面提高部队以打赢信息化条件下局部战争能力为核心的完成多样化军事任务能力，确保部队召之即来、来之能战、战之必胜，实现有效塑造态势、管控危机、遏制战争、打赢战争。坚决打败一切来犯之敌，切实担当起党和人民赋予的新时代使命任务。

五、全面加强军事治理

党的二十大报告指出：巩固拓展国防和军队改革成果，完善军事力量结构编成，体系优化军事政策制度。加强国防和军队建设重大任务战建备统筹，加快建设现代化后勤，实施国防科技和武器装备重大

构建完善的军事法规制度体系 02
构建完善的军事法治实施体系
完善中国特色军事法治体系
01
03
构建完善的军事法治保障体系 04
构建完善的军事法治监督体系

工程，加速科技向战斗力转化。深化军队院校改革，建强新型军事人才培养体系，创新军事人力资源管理。加强依法治军机制建设和战略规划，完善中国特色军事法治体系。改进战略管理，提高军事系统运行效能和国防资源使用效益。

完善和发展中国特色社会主义军事制度，加快构建中国特色现代军事力量体系，深入推进我军组织形态现代化，巩固和拓展前期改革成果，推进领导掌握部队和高效指挥部队的有机统一。建设善谋打仗、指挥高效、敢打必胜的联合作战指挥机构，推动军兵种建设战略转型，形成军委管总、战区主战、军种主建的格局。优化规模结构和部队编成，推动我军由数量规模型向质量效能型转变。牢固树立战斗力这个唯一的根本的标准，以先进军事理论引领军事实践，向能打仗、打胜仗聚焦，加强高素质新型军事人才和军事人力资源培养体系建设，以先进组织形态解放和发展战斗力、解放和增强军队活力，为适应信息化战争和履行使命要求的先进武器装备体系提供强大物质技术支撑，加强练兵备战，深入推进实战化军事训练，大力提高军事训练实战化水平。

六、巩固提高一体化国家战略体系和能力

党的二十大报告指出：加强军地战略规划统筹、政策制度衔接、资源要素共享。优化国防科技工业体系和布局，加强国防科技工业能力建设。深化全民国防教育。加强国防动员和后备力量建设，推进现代边海空防建设。加强军人军属荣誉激励和权益保障，做好退役军人服务保障工作。巩固发展军政军民团结。

军民融合发展是兴国之举、强军之策，推进强军事业，必须深入推进军民融合发展，构建军民一体化的国家战略体系和能力，逐步实现国家各领域战略布局一体融合、战略资源一体整合、战略力量一体运用。

要坚持富国和强军相统一，构建军民融合发展的统一领导、军地协调、需求对接、系统完备、衔接配套、有效激励的资源共享机制，完善顺畅高效的军民融合组织管理体系、工作运行体系、政策制度体系，坚定不移走军民融合式创新之路，在更广范围、更高层次、更

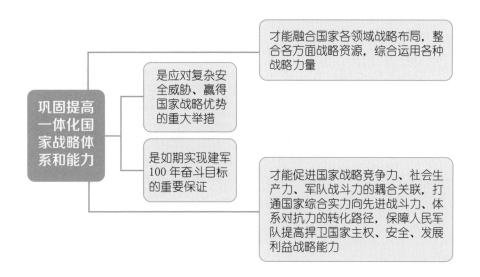

巩固提高一体化国家战略体系和能力

- 是应对复杂安全威胁、赢得国家战略优势的重大举措
  - 才能融合国家各领域战略布局，整合各方面战略资源，综合运用各种战略力量
- 是如期实现建军100年奋斗目标的重要保证
  - 才能促进国家战略竞争力、社会生产力、军队战斗力的耦合关联，打通国家综合实力向先进战斗力、体系对抗力的转化路径，保障人民军队提高捍卫国家主权、安全、发展利益战略能力

深程度上把军事创新体系纳入国家创新体系之中，形成全要素、多领域、高效益的军民融合深度发展格局，促进经济建设和国防建设协调发展、平衡发展、兼容发展，统筹发展和安全两件大事，实现经济建设和国防建设综合效益最大化。

军队要善于运用社会一切优质资源和先进成果，把国防和军队建设有机融入经济社会发展体系；地方要注重在经济建设中贯彻国防需求，自觉把经济布局调整同国防布局完善有机结合起来。

加强全民国防教育，完善国防动员体系，大力弘扬军爱民、民拥军的光荣传统，加强退役军人管理保障工作，维护军人军属合法权益，巩固发展坚如磐石的军政军民关系。

党的二十大报告强调：人民军队始终是党和人民完全可以信赖的英雄军队，有信心、有能力维护国家主权、统一和领土完整，有信心、有能力为实现中华民族伟大复兴提供战略支撑，有信心、有能力为世界和平与发展作出更大贡献！

第十三讲

坚持和完善"一国两制"，推进祖国统一

 促进香港、澳门长期繁荣稳定

 坚定不移推进祖国完全统一

"一国两制"由伟大构想变为生动现实，展示了强大生命力，为实现祖国完全统一提供了最佳制度安排。

一、促进香港、澳门长期繁荣稳定

党的二十大报告指出："一国两制"是中国特色社会主义的伟大创举，是香港、澳门回归后保持长期繁荣稳定的最佳制度安排，必须长期坚持。

（一）全面准确、坚定不移贯彻"一国两制"、"港人治港"、"澳人治澳"、高度自治的方针

党的二十大报告指出：全面准确、坚定不移贯彻"一国两制"、"港人治港"、"澳人治澳"、高度自治的方针，坚持依法治港治澳，维护宪法和基本法确定的特别行政区宪制秩序。坚持和完善"一国两制"制度体系，落实中央全面管治权，落实"爱国者治港"、"爱国者治澳"原则，落实特别行政区维护国家安全的法律制度和执行机制。坚持中央全面管治权和保障特别行政区高度自治权相统一，坚持行政主导，支持行政长官和特别行政区政府依法施政，提升全面治理能力和管治水平，完善特别行政区司法制度和法律体系，保持香港、澳门资本主义制度和生活方式长期不变，促进香港、澳门长期繁荣稳定。

习近平总书记指出："'一国两制'是经过实践反复检验了的，符

合国家、民族根本利益，符合香港、澳门根本利益，得到14亿多祖国人民鼎力支持，得到香港、澳门居民一致拥护，也得到国际社会普遍赞同。"习近平总书记还强调："中央贯彻'一国两制'方针坚持两点，一是坚定不移，确保不会变、不动摇；二是全面准确，确保不走样、不变形。"

历史已经证明，"一国两制"在港澳的实践是行得通、办得到、得人心的，必须长期坚持。必须全面准确、坚定不移贯彻"一国两制"、"港人治港"、"澳人治澳"、高度自治方针，坚持中央全面管治权和保障特别行政区高度自治权相统一，维护中央对特别行政区的全面管治权。高度自治源于中央授权，绝不存在完全自治，绝不允许摆脱中央的领导、管理和监督，绝不允许用所谓"自决权"否定和排斥国家主权、挑战中央的管治权，自治权必须由爱国者掌握，只有这样才能保持特别行政区长治久安。

香港、澳门坚持实行行政主导体制，全力支持行政长官和特别行

 权威评论

　　王灵桂（国务院港澳事务办公室副主任、党组成员）："一国两制"是中国特色社会主义的伟大创举，是香港、澳门回归祖国后保持长期繁荣稳定的最佳制度。"一国两制"制度作为一项前无古人的伟大事业，从40年前的科学构想变成生动实践，从全面付诸实践到不断丰富完善，战胜了系列挑战和风险，取得举世公认的成功。党的十八大以来，在习近平总书记的掌舵领航和党中央的坚强领导下，推动香港实现由乱到治的重大转折，澳门保持稳定发展良好态势。20多年来的实践充分证明，"一国两制"是行得通、办得到、得人心的好制度。

政区政府依法施政、积极作为。支持行政长官领导特别行政区政府依法施政，支持行政、立法、司法机关依法履职，支持特别行政区政府积极回应社会发展新要求和广大居民新期待，团结带领全社会集中精力发展经济、切实有效改善民生、坚定不移守护法治、循序渐进推进民主、包容共济促进和谐，着力破解影响香港、澳门经济社会发展和长治久安的深层次矛盾和突出问题，不断提高施政能力和管治水平，实现良政善治。

（二）支持香港、澳门经济社会发展

党的二十大报告指出：支持香港、澳门发展经济、改善民生、破解经济社会发展中的深层次矛盾和问题。发挥香港、澳门优势和特点，巩固提升香港、澳门在国际金融、贸易、航运航空、创新科技、文化旅游等领域的地位，深化香港、澳门同各国各地区更加开放、更加密切的交往合作。推进粤港澳大湾区建设，支持香港、澳门更好融入国家发展大局，为实现中华民族伟大复兴更好发挥作用。

全面支持香港、澳门对接国家发展战略，更好融入国家发展大

数据来源：国家发展改革委、新华社、《人民日报》

局，支持香港、澳门发展经济、改善民生，增强港澳同胞国家意识和爱国精神，把国家发展带来的重大机遇、内地各方面的大力支持与香港、澳门所具有的高度法治化、市场化、专业化、国际化等优势相结合，完善促进香港、澳门同内地优势互补、协同发展的政策体系。

发挥香港、澳门参与共建"一带一路"的重大意义和独特作用，推动香港、澳门进一步发挥区位优势、先发优势和现代服务业专业化优势及人文优势，在金融和投资、基础设施建设与航运、经贸交流与合作、民心相通、加强对接合作与争议解决服务等国际合作领域积极作为，为香港、澳门在国家支持下放大自身优势、拓展国际经贸联系提供广阔舞台。

高质量建设粤港澳大湾区，推动粤港澳大湾区制度机制创新，率先实现要素便捷流动，健全香港、澳门与内地在各领域深入开展交流合作的各种机制，完善便利香港、澳门居民在内地学习、创业、就业、生活的政策措施。

（三）发展壮大爱国爱港爱澳力量

党的二十大报告指出：发展壮大爱国爱港爱澳力量，增强港澳同胞的爱国精神，形成更广泛的国内外支持"一国两制"的统一战线。坚决打击反中乱港乱澳势力，坚决防范和遏制外部势力干预港澳事务。

坚持爱国者为主体的"港人治港"、"澳人治澳"，密切内地与港澳工商界、基层民众的联系，扩大内地与港澳法律、教育、传媒等专业人士的往来，发展壮大爱国爱港爱澳力量，努力促进港澳社会的包容共济，增强香港、澳门同胞的国家意识和爱国精神，在爱国爱港爱澳旗帜下实现最广泛的团结，使爱国爱港爱澳光荣传统薪火相传，使"一国两制"事业后继有人，让香港、澳门同胞同祖国人民共担民族复兴的历史责任、共享祖国繁荣富强的伟大荣光。完善坚决防范和遏制外部势力干预港澳事务和进行分裂、颠覆、渗透、破坏活动的体制机制。

二、坚定不移推进祖国完全统一

党的二十大报告指出：解决台湾问题、实现祖国完全统一，是党矢志不渝的历史任务，是全体中华儿女的共同愿望，是实现中华民族伟大复兴的必然要求。坚持贯彻新时代党解决台湾问题的总体方略，牢牢把握两岸关系主导权和主动权，坚定不移推进祖国统一大业。

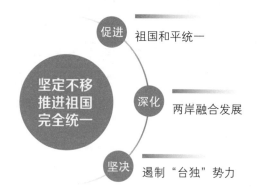

（一）促进祖国和平统一

党的二十大报告指出："和平统一、一国两制"方针是实现两岸统一的最佳方式，对两岸同胞和中华民族最有利。我们坚持一个中国原则和"九二共识"，在此基础上，推进同台湾各党派、各界别、各阶层人士就两岸关系和国家统一开展广泛深入协商，共同推动两岸关系和平发展、推进祖国和平统一进程。我们坚持团结广大台湾同胞，坚定支持岛内爱国统一力量，共同把握历史大势，坚守民族大义，坚定反"独"促统。伟大祖国永远是所有爱国统一力量的坚强后盾！

党的十八大以来，习近平总书记就对台工作提出一系列重要理念、重大政策、重要主张，形成了新时代党解决台湾问题的总体方略。这是中国共产党解决台湾问题、实现祖国统一的最新理论成果，科学回答了在中华民族伟大复兴进程中实现祖国完全统一的时代命题，具有重要的历史意义、理论意义和实践意义，为新时代对台工作提供了根本遵循和行动纲领。

台湾问题因民族弱乱而产生，必将随着民族复兴而解决，国家强大、民族复兴、两岸统一的趋势是任何人、任何势力都无法阻挡的。这是由中华民族历史演进大势所决定的，更是全体中华儿女的共同意志。

一个中国原则是两岸关系的政治基础。推动两岸关系和平发展，最根本的是坚持一个中国原则。虽然两岸迄今尚未统一，但两岸同属一个国家、两岸同胞同属一个民族，中国的主权和领土完整从未分裂，这一历史事实和法理基础从未改变，也不可能改变。"一国两制"是一个和平的方案、民主的方案、善意的方案、共赢的方案，是解决台湾问题的最具包容性的方案。

体现一个中国原则的"九二共识"明确界定了两岸关系的根本性质，是确保两岸关系和平发展的关键。"九二共识"表明，大陆与台湾同属一个中国，两岸关系不是国与国关系，也不是"一中一台"。承认"九二共识"、认同两岸同属一个中国，两岸双方就能够开展对话和协商，两岸关系就能顺利健康发展，共同努力谋求国家统一。

（二）深化两岸融合发展

党的二十大报告指出：两岸同胞血脉相连，是血浓于水的一家人。我们始终尊重、关爱、造福台湾同胞，继续致力于促进两岸经济文化交流合作，深化两岸各领域融合发展，完善增进台湾同胞福祉的制度和政策，推动两岸共同弘扬中华文化，促进两岸同胞心灵契合。

习近平总书记强调，两岸同胞要秉持同胞情、同理心，以正确的历史观、民族观、国家观化育后人，弘扬伟大民族精神，必定达到

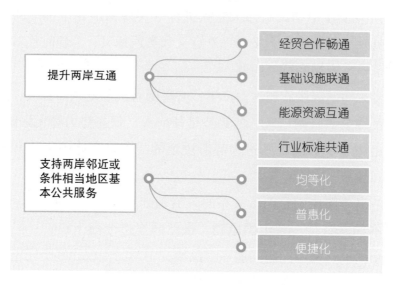

两岸"四通三化"

两岸同胞心灵契合。我们要践行秉持"两岸一家亲"理念，率先同台湾同胞分享大陆发展的机遇，扩大深化两岸经济合作和文化往来，努力扩大两岸民众的受益面和获得感，逐步为台湾同胞在大陆学习、创业、就业、生活提供与大陆同胞同等的待遇。突出以通促融、以惠促融、以情促融，勇于探索海峡两岸融合发展新路，率先在福建建设海峡两岸融合发展示范区。持续推进两岸应通尽通，不断提升两岸经贸合作畅通、基础设施联通、能源资源互通、行业标准共通。推动两岸文化教育、医疗卫生合作，社会保障和公共资源共享，支持两岸邻近或条件相当地区基本公共服务均等化、普惠化、便捷化。积极推进两岸经济合作制度化，打造两岸共同市场，壮大中华民族经济。

完善保障台湾同胞福祉和在大陆享受同等待遇的制度和政策，依法维护台湾同胞正当权益。支持台胞、台企参与"一带一路"建设、国家区域重大战略和区域协调发展战略，融入新发展格局，参与高质量发展，让台湾同胞分享更多发展机遇，参与国家经济社会发展进程。

（三）坚决遏制"台独"势力

党的二十大报告指出：台湾是中国的台湾。解决台湾问题是中国人自己的事，要由中国人来决定。我们坚持以最大诚意、尽最大努力争取和平统一的前景，但决不承诺放弃使用武力，保留采取一切必要措施的选项，这针对的是外部势力干涉和极少数"台独"分裂分子及其分裂活动，绝非针对广大台湾同胞。国家统一、民族复兴的历史车轮滚滚向前，祖国完全统一一定要实现，也一定能够实现！

对两岸关系和平发展的最大威胁是外部势力干涉和"台独"势力及其分裂活动。"台独"损害国家领土完整，破坏台海和平稳定，煽动两岸同胞对立，阻挠两岸关系发展，只会给两岸同胞带来深重祸害。

台湾是包括2300万台湾同胞在内的全体中国人民的台湾，中国人民捍卫国家主权和领土完整、维护中华民族根本利益的决心不可动摇、意志坚如磐石，有坚定的意志、充分的信心、足够的能力挫败任何形式的"台独"分裂图谋，绝不为各种形式的"台独"分裂活动留下任何空间，绝不容忍国家分裂的历史悲剧重演，绝不允许任何人、任何组织、任何政党，在任何时候、以任何形式、把任何一块中国领

党的二十大报告表明的严正态度

- 解决台湾问题是中国人自己的事，要由中国人来决定

- 我们坚持以最大诚意、尽最大努力争取和平统一的前景，但决不承诺放弃使用武力，保留采取一切必要措施的选项

- 国家统一、民族复兴的历史车轮滚滚向前，祖国完全统一一定要实现，也一定能够实现

土从中国分裂出去!

我们始终以最大诚意、尽最大努力争取和平统一的前景,但同时坚持做好以非和平方式及其他必要措施应对外部势力干涉和"台独"重大事变的充分准备,目的是从根本上维护祖国和平统一的前景、推进祖国和平统一的进程。我们不承诺放弃使用武力,保留采取一切必要措施的选项,针对的是外部势力干涉和极少数"台独"分裂分子及其分裂活动,绝非针对广大台湾同胞,非和平方式将是不得已情况下作出的最后选择。如果"台独"分裂势力或外部干涉势力挑衅逼迫,甚至突破红线,我们将不得不采取断然措施。

台湾问题是中国的内政,事关中国核心利益和中国人民的民族感情,不容任何外来干涉。任何人都不要低估中国人民捍卫国家主权和领土完整的坚强决心、坚定意志、强大能力,任何利用台湾问题干涉中国内政、阻挠中国统一进程的图谋和行径,都将遭到包括台湾同胞在内的全体中国人民的坚决反对,外部势力阻碍中国完全统一必遭失败。

深阅读

"和平统一、一国两制"是我们解决台湾问题的基本方针,也是实现国家统一的最佳方式,体现了海纳百川、有容乃大的中华智慧,既充分考虑台湾现实情况,又有利于统一后台湾长治久安。实现两岸和平统一,必须面对大陆和台湾社会制度与意识形态不同这一基本问题。"一国两制"正是为解决这个问题而提出的最具包容性的方案。这是一个和平的方案、民主的方案、善意的方案、共赢的方案。两岸制度不同,不是统一的障碍,更不是分裂的借口。

(摘编自《台湾问题与新时代中国统一事业》白皮书,《人民日报》2022年8月11日)

第十四讲

促进世界和平与发展，推动构建人类命运共同体

党的二十大报告指出：当前，世界之变、时代之变、历史之变正以前所未有的方式展开。一方面，和平、发展、合作、共赢的历史潮流不可阻挡，人心所向、大势所趋决定了人类前途终归光明。另一方面，恃强凌弱、巧取豪夺、零和博弈等霸权霸道霸凌行径危害深重，和平赤字、发展赤字、安全赤字、治理赤字加重，人类社会面临前所未有的挑战。世界又一次站在历史的十字路口，何去何从取决于各国人民的抉择。

党的二十大报告强调：中国始终坚持维护世界和平、促进共同发展的外交政策宗旨，致力于推动构建人类命运共同体。

一、坚定奉行独立自主的和平外交政策

党的二十大报告指出：中国坚定奉行独立自主的和平外交政策，始终根据事情本身的是非曲直决定自己的立场和政策，维护国际关系基本准则，维护国际公平正义。中国尊重各国主权和领土完整，坚持国家不分大小、强弱、贫富一律平等，尊重各国人民自主选择的发展道路和社会制度，坚决反对一切形式的霸权主义和强权政治，反对冷战思维，反对干涉别国内政，反对搞双重标准。中国奉行防御性的国防政策，中国的发展是世界和平力量的增长，无论发展到什么程度，中国永远不称霸、永远不搞扩张。

独立自主的和平外交政策，是新中国成立 70 多年外交理论和实

党的十八大以来，中国外交取得重要进展

1 ▶ 党对对外工作的集中统一领导全面加强————————

2 ▶ 全方位、多层次、立体化的外交布局日益完善

3 ▶ 国家主权、安全、发展利益得到有力维护————————

4 ▶ 我国国际影响力、感召力、塑造力显著提升————————

5 ▶ 服务国家经济社会发展更加有力有效

践的基本结晶，符合时代潮流及我国人民和世界人民根本利益。

中国坚持多边主义和国际关系民主化，倡导相互尊重、平等协商，坚决摒弃冷战思维和强权政治，始终把国家独立、主权、尊严放在首位，坚定不移地维护国家主权、安全、发展利益。维护国际公平正义，坚持各国的事情由本国政府和人民自主决定，世界上的事情由各国政府和人民平等协商，反对恃强凌弱、背信弃义，反对一切形式的霸权霸凌霸道行为，反对侵略扩张和干涉别国内政。坚持重视各国合理安全关切，反对泛化国家安全概念，使各国都有平等参与国际和地区安全事务的权利，推动各国共同承担维护国际和地区安全的责任和义务，通过构建均衡、有效、可持续的安全架构，实现普遍安全、共同安全，为各国人民追求美好生活创造安宁环境。主张通过和平方式解决国家分歧和国际争端，通过对话协商，以对话增互信、以对话解纷争、以对话促安全，摒弃冷战思维、单边主义、阵营对抗，倡导坚持平等协商，着眼各国共同安全利益，推进安全合作，以合作谋和

平、以合作促安全，支持一切有利于以和平方式解决危机的努力。不参加任何军备竞赛和军事集团，永远不称霸，永远不搞扩张，永远做维护世界和平的坚定力量。

二、推动构建新型国际关系

党的二十大报告指出：中国坚持在和平共处五项原则基础上同各国发展友好合作，推动构建新型国际关系，深化拓展平等、开放、合作的全球伙伴关系，致力于扩大同各国利益的汇合点。促进大国协调和良性互动，推动构建和平共处、总体稳定、均衡发展的大国关系格局。坚持亲诚惠容和与邻为善、以邻为伴周边外交方针，深化同周边国家友好互信和利益融合。秉持真实亲诚理念和正确义利观加强同发展中国家团结合作，维护发展中国家共同利益。中国共产党愿在独立自主、完全平等、互相尊重、互不干涉内部事务原则基础上加强同各国政党和政治组织交流合作，积极推进人大、政协、军队、地方、民间等各方面对外交往。

推动构建新型国际关系，是构建人类命运共同体的基本路径。建设新型国际关系就是要秉持相互尊重、公平正义、合作共赢原则，走出一条对话而不对抗、结伴而不结盟的国与国交往新路。

中国坚持和各国人民共同推动构建新型国际关系，坚持积极发展全球伙伴关系，扩大同各国的利益汇合点，共同享受尊严、共同享受发展成果、共同享受安全保障。坚持国家不分大小、强弱、贫富一律平等，尊重各国人民自主选择发展道路的权利。反对干涉别国内政、反对动辄使用武力或以武力相威胁，不断完善我国全方位、多层次、立体化的外交布局，打造覆盖全球的"朋友圈"。

坚持在不冲突不对抗、相互尊重、合作共赢基础上推进大国协调

推动构建新型国际关系

构建人类命运共同体的基本路径

走出一条对话而不对抗、结伴而不结盟的国与国交往新路

与合作，推动构建和平共处、总体稳定、均衡发展的大国关系框架，维护世界和平与发展；按照亲诚惠容理念和与邻为善、以邻为伴周边外交方针深化同周边国家关系，推动构建区域命运共同体；秉持真实亲诚理念和正确义利观加强同广大发展中国家团结合作，维护广大发展中国家共同利益。

三、坚定奉行互利共赢的开放战略

党的二十大报告指出：中国坚持对外开放的基本国策，坚定奉行互利共赢的开放战略，不断以中国新发展为世界提供新机遇，推动建设开放型世界经济，更好惠及各国人民。中国坚持经济全球化正确方向，推动贸易和投资自由化便利化，推进双边、区域和多边合作，促进国际宏观经济政策协调，共同营造有利于发展的国际环境，共同培育全球发展新动能，反对保护主义，反对"筑墙设垒"、"脱钩断链"，反对单边制裁、极限施压。中国愿加大对全球发展合作的资源投入，

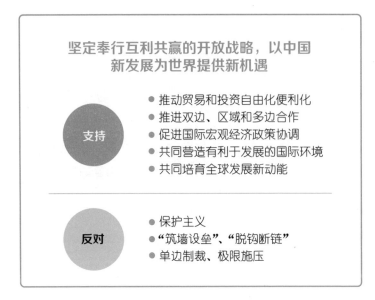

坚定奉行互利共赢的开放战略，以中国新发展为世界提供新机遇

支持
- 推动贸易和投资自由化便利化
- 推进双边、区域和多边合作
- 促进国际宏观经济政策协调
- 共同营造有利于发展的国际环境
- 共同培育全球发展新动能

反对
- 保护主义
- "筑墙设垒"、"脱钩断链"
- 单边制裁、极限施压

致力于缩小南北差距，坚定支持和帮助广大发展中国家加快发展。

中国坚定奉行互利共赢的开放战略，恪守维护世界和平、促进共同发展的外交政策宗旨，坚持和平、发展、合作、共赢，高举经济全球化、贸易和投资自由化便利化的旗帜，积极建设更高水平的开放型经济，在开放合作中谋求自身发展，以自身发展推动建设开放型世界经济。

中国始终摒弃零和博弈、丛林法则、唯我独尊、党同伐异等不合时宜的旧思维，树立相互尊重、平等协商、合作安全、开放发展、包容互鉴、珍爱地球、同舟共济、互利共赢的新理念，既通过对外开放实现自身发展，又通过自身发展促进地区和世界共同发展，欢迎各国特别是发展中国家搭乘我国发展的快车，推动各国共同发展。

中国稳步推进区域经济合作步伐，逐步形成以自由贸易区、优惠贸易安排和贸易投资便利化为载体、涵盖多个地区的区域经济合作网络，推动经济全球化朝着更加开放、包容、均衡、普惠、平衡、共赢的方向发展。

习近平（中共中央总书记、国家主席、中央军委主席）：中国发展离不开世界，世界发展也需要中国。经过改革开放40多年不懈努力，我们创造了经济快速发展和社会长期稳定两大奇迹。现在，中国经济韧性强、潜力足、回旋余地广，长期向好的基本面不会改变。中国开放的大门只会越来越大。我们将坚定不移全面深化改革开放，坚定不移推动高质量发展，以自身发展为世界创造更多机遇。

四、积极参与全球治理

党的二十大报告指出：中国积极参与全球治理体系改革和建设，践行共商共建共享的全球治理观，坚持真正的多边主义，推进国际关系民主化，推动全球治理朝着更加公正合理的方向发展。坚定维护以联合国为核心的国际体系、以国际法为基础的国际秩序、以联合国宪章宗旨和原则为基础的国际关系基本准则，反对一切形式的单边主义，反对搞针对特定国家的阵营化和排他性小圈子。推动世界贸易组织、亚太经合组织等多边机制更好发挥作用，扩大金砖国家、上海合作组织等合作机制影响力，增强新兴市场国家和发展中国家在全球事务中的代表性和发言权。中国坚持积极参与全球安全规则制定，加强国际安全合作，积极参与联合国维和行动，为维护世界和平和地区稳定发挥建设性作用。

中国秉持共商共建共享的全球治理观，以勇于担当的精神积极参与全球治理，坚持国际规则应由各国共同书写，全球事务应由各国共同治理，发展成果应由各国共同分享。与时俱进推动全球治理体系向更加公正合理有效的方向改革完善，推动全球治理体系更加平衡地反映大多数国家特别是新兴市场国家和发展中国家的意愿和利益，引领世界格局演变方向，引领人类文明进步走向，维护人类共同利益，守护人类共同家园，为应对层出不穷的全球性挑战贡献力量。

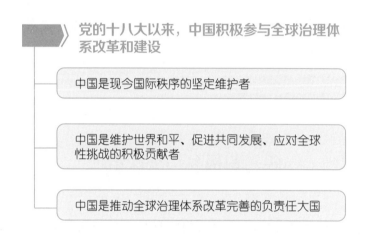

党的十八大以来，中国积极参与全球治理体系改革和建设

中国是现今国际秩序的坚定维护者

中国是维护世界和平、促进共同发展、应对全球性挑战的积极贡献者

中国是推动全球治理体系改革完善的负责任大国

中国坚定维护以联合国宪章宗旨和原则为核心的国际秩序和国际体系，维护联合国在全球治理中的核心地位，支持联合国发挥积极作用，支持发挥国际组织在全球安全治理中的建设性作用，支持上海合作组织、金砖国家、二十国集团等平台机制化建设，支持扩大发展中国家在国际事务中的代表性和发言权。凝聚共识、加强团结、汇聚合力，推动建设和完善区域合作机制，加强国际社会应对全球性挑战的能力，合作抗击新冠肺炎疫情，共同应对地区争端和恐怖主义、气候变化、网络安全、生物安全等全球性问题，推动构建更加公正合理的国际治理体系。

中国坚定不移维护多边贸易体制，积极维护开放型世界经济体

延伸问答

问：党的十八大以来，我国在积极参与全球治理方面取得了哪些主要成就？

答：《中共中央关于党的百年奋斗重大成就和历史经验的决议》指出：党的十八大以来，我国积极参与全球治理体系改革和建设，维护以联合国为核心的国际体系、以国际法为基础的国际秩序、以联合国宪章宗旨和原则为基础的国际关系基本准则，维护和践行真正的多边主义，坚决反对单边主义、保护主义、霸权主义、强权政治，积极推动经济全球化朝着更加开放、包容、普惠、平衡、共赢的方向发展。我国建设性参与国际和地区热点问题政治解决，在气候变化、减贫、反恐、网络安全和维护地区安全等领域发挥积极作用。我国开展抗击新冠肺炎疫情国际合作，发起新中国成立以来最大规模的全球紧急人道主义行动，向众多国家特别是发展中国家提供物资援助、医疗支持、疫苗援助和合作，展现负责任大国形象。

制，维护世界贸易组织基本原则，维护发展中国家的合法权益。通过双边、多边等方式完善国际经贸规则和制度，推动构建面向全球的高标准自由贸易区网络，推动《区域全面经济伙伴关系协定》（RCEP）持续释放贸易红利，推动中国、日本、韩国经济合作，推动亚太自由贸易区建设进程，推动贸易和投资自由化便利化，积极解决全球发展失衡、治理困境、数字鸿沟等问题，推动建设开放型世界经济。

五、构建人类命运共同体

党的二十大报告指出：构建人类命运共同体是世界各国人民前途所在。万物并育而不相害，道并行而不相悖。只有各国行天下之大道，和睦相处、合作共赢，繁荣才能持久，安全才有保障。中国提出了全球发展倡议、全球安全倡议，愿同国际社会一道努力落实。中国坚持对话协商，推动建设一个持久和平的世界；坚持共建共享，推动建设一个普遍安全的世界；坚持合作共赢，推动建设一个共同繁荣的世界；坚持交流互鉴，推动建设一个开放包容的世界；坚持绿色低碳，推动建设一个清洁美丽的世界。

构建人类命运共同体理念，反映了中国在世界大变局中的国际治理观和国际秩序观，是中国对当代世界和平与发展的重要贡献，为全球治理体系变革提供了新动力，为促进形成更加公正合理的国际新秩序提供了新遵循。

全人类休戚相关、命运与共的现实，客观上要求世界各国必须摒弃对抗对立、零和博弈思维，选择合作共赢道路，共同构建利益共同体、责任共同体，进而形成命运共同体，建设持久和平、普遍安全、共同繁荣、开放包容、清洁美丽的世界。

构建人类命运共同体必须坚持以下 5 项原则。

一是坚持对话协商，就是各国要相互尊重、平等协商，大国要在相互尊重的基础上管控矛盾分歧，平等对待小国，任何国家都不得对其他国家进行武力威胁或使用武力，不能肆意破坏国际法治。

二是坚持共建共享，就是坚持以对话解决争端、以协商化解分歧，统筹应对传统和非传统安全威胁，反对一切形式的恐怖主义。

三是坚持合作共赢，就是推进开放、包容、普惠、平衡、共赢的

坚持共建共享　坚持对话协商

构建人类命运共同体
五项原则

坚持合作共赢

坚持交流互鉴　坚持绿色低碳

经济全球化，创造全人类共同发展的良好条件，共同推动世界各国发展繁荣，让发展成果惠及世界各国，让人人享有富足安康。

四是坚持交流互鉴，就是秉持文明只有姹紫嫣红之别、但绝无高低优劣之分的理念，文明之间要对话、不要排斥，要交流、不要取代，不同文明取长补短、共同进步，美人之美、美美与共，让文明交流互鉴成为推动人类社会进步的动力、维护世界和平的纽带。

五是坚持绿色低碳，就是牢固树立尊重自然、顺应自然、保护自然的意识，倡导绿色、低碳、循环、可持续的生产生活方式，解决好工业文明带来的矛盾，采取行动应对气候变化，实现世界的可持续发展和人的全面发展，保护好人类赖以生存的地球家园。

党的二十大报告强调：我们真诚呼吁，世界各国弘扬和平、发展、公平、正义、民主、自由的全人类共同价值，促进各国人民相知相亲，尊重世界文明多样性，以文明交流超越文明隔阂、文明互鉴超越文明冲突、文明共存超越文明优越，共同应对各种全球性挑战。我们所处的是一个充满挑战的时代，也是一个充满希望的时代。中国人民愿同世界人民携手开创人类更加美好的未来！

携手构建人类命运共同体，就要弘扬和平、发展、公平、正义、民主、自由的全人类共同价值，促进各国人民相知相亲，尊重世界

习近平（中共中央总书记、国家主席、中央军委主席）：中华民族历来讲求"天下一家"，主张民胞物与、协和万邦、天下大同，憧憬"大道之行，天下为公"的美好世界。我们认为，世界各国尽管有这样那样的分歧矛盾，也免不了产生这样那样的磕磕碰碰，但世界各国人民都生活在同一片蓝天下、拥有同一个家园，应该是一家人。世界各国人民应该秉持"天下一家"理念，张开怀抱，彼此理解，求同存异，共同为构建人类命运共同体而努力。

文明多样性，以文明交流超越文明隔阂、文明互鉴超越文明冲突、文明共存超越文明优越，共同应对各种全球性挑战。全人类共同价值体现了各国人民共同追求的进步理念，凝聚了不同国家、不同民族、不同文明的价值共识，超越了意识形态、社会制度、发展水平的巨大差异，为引领人类文明进步提供了价值遵循，必将对构建人类命运共同体产生日益深远的影响。

第十五讲

坚定不移全面从严治党，深入推进新时代党的建设新的伟大工程党的二十大报告指出：全面建设社会主义现代化国家、全面推进中华民族伟大复兴，关键在党。我们党作为世界上最大的马克思主义执政党，要始终赢得人民拥护、巩固长期执政地位，必须时刻保持解决大党独有难题的清醒和坚定。经过十八大以来全面从严治党，我们解决了党内许多突出问题，但党面临的执政考验、改革开放考验、市场经济考验、外部环境考验将长期存在，精神懈怠危险、能力不足危险、脱离群众危险、消极腐败危险将长期存在。

治国必先治党，治党务必从严。如果管党不力、治党不严，那我们党迟早会失去执政资格。勇于自我革命，从严管党治党，是我们党区别于其他政党的显著标志和最鲜明的品格。中国共产党能够带领人民进行伟大的社会革命，也能够进行伟大的自我革命。党要团结带领人民进行伟大斗争、推进伟大事业、实现伟大梦想，必须毫不动摇坚持和完善党的领导，毫不动摇地把党建设得更加坚强有力。

党的二十大报告强调：全党必须牢记，全面从严治党永远在路上，党的自我革命永远在路上，决不能有松劲歇脚、疲劳厌战的情绪，必须持之以恒推进全面从严治党，深入推进新时代党的建设新的伟大工程，以党的自我革命引领社会革命。

要牢记打铁必须自身硬的道理，增强全面从严治党永远在路上的政治自觉，践行以人民为中心的发展思想，永远保持同人民群众的血肉联系，同一切影响党的先进性、弱化党的纯洁性的问题作坚决斗争，实现自我净化、自我完善、自我革新、自我提高，确保党不变质、不变色、不变味，确保党在坚持和发展中国特色社会主义的历史进程中始终成为坚强领导核心。

党的二十大要求：我们要落实新时代党的建设总要求，健全全面从严治党体系，全面推进党的自我净化、自我完善、自我革新、自我提高，使我们党坚守初心使命，始终成为中国特色社会主义事业的坚强领导核心。

党的十九大报告首次提出新时代党的建设总要求，即坚持和加强党的全面领导，坚持党要管党、全面从严治党，以加强党的长期执政能力建设、先进性和纯洁性建设为主线，以党的政治建设为统领，以坚定理想信念宗旨为根基，以调动全党积极性、主动性、创造性为着力点，全面推进党的政治建设、思想建设、组织建设、作风建设、纪律建设，把制度建设贯穿其中，深入推进反腐败斗争，不断提高党的建设质量，把党建设成为始终走在时代前列、人民衷心拥护、勇于自我革命、经得起各种风浪考验、朝气蓬勃的马克思主义执政党。

一、坚持和加强党中央集中统一领导

党的二十大报告指出：党的领导是全面的、系统的、整体的，必须全面、系统、整体加以落实。健全总揽全局、协调各方的党的领导制度体系，完善党中央重大决策部署落实机制，确保全党在政治立场、政治方向、政治原则、政治道路上同党中央保持高度一致，确保党的团结统一。完善党中央决策议事协调机构，加强党中央对重大工作的集中统一领导。加强党的政治建设，严明政治纪律和政治规矩，落实各级党委（党组）主体责任，提高各级党组织和党员干部政治判断力、政治领悟力、政治执行力。坚持科学执政、民主执政、依法执政，贯彻民主集中制，创新和改进领导方式，提高党把方向、谋大局、定政策、促改革能力，调动各方面积极性。增强党内政治生活政

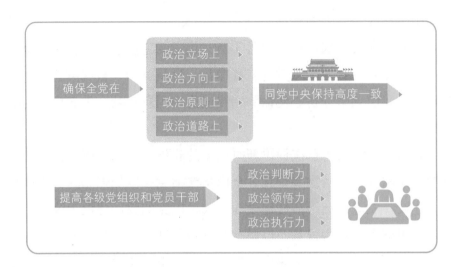

治性、时代性、原则性、战斗性，用好批评和自我批评武器，持续净化党内政治生态。

　　坚持党中央集中统一领导是党的领导的最高原则，任何时候、任何情况下都不能含糊、不能动摇。一个政党、一个国家，领导核心至关重要。我们这么大一个党、一个国家，没有集中统一，没有党中央坚强领导，没有强有力的中央权威，是不行的、不可想象的。维护党中央权威，决不是一般问题和个人的事，而是方向性、原则性问题，是党性、是大局，关系党、民族、国家的前途命运。全党必须牢固树立政治意识、大局意识、核心意识、看齐意识，坚决维护党中央权威和集中统一领导，自觉地在思想上政治上行动上同党中央保持高度一致。也就是说，全党必须在政治立场、政治方向、政治原则、政治道路上同党中央保持高度一致。每一个党的组织、每一名党员干部，无论处在哪个领域、哪个层级、哪个部门和单位，都要服从党中央集中统一领导，决不允许背着党中央另搞一套。党的各级组织、全体党员特别是高级干部都要向党中央看齐，向党的理论和路线方针政策看齐，向党中央决策部署看齐，做到党中央号召的坚决响应、党中央决定的坚决执行、党中央禁止的坚决不做，确保党中央令行禁止，确保全党步调一致。

在国家治理体系的大棋局中，党中央是坐镇中军帐的"帅"。必须把坚持党的领导贯彻落实到改革发展稳定、内政外交国防、治党治国治军等各领域各方面各环节，充分发挥好党总揽全局、协调各方的领导核心作用。加强党对涉及党和国家事业发展全局的重大工作的集中统一领导，强化党的组织在同级组织中的领导地位，更好发挥党的职能部门作用。要统筹设置党政机构，党的有关机构可以同职能相近、联系密切的其他部门统筹设置，实行合并设立或合署办公，整合优化力量和资源，发挥综合效益。要加快在新型经济组织和社会组织中建立健全党的组织机构，做到党的工作进展到哪里，党的组织就覆盖到哪里。通过健全党的全面领导的体制机制，进一步提高党把方向、谋大局、定政策、促改革的能力和定力。

二、坚持不懈用习近平新时代中国特色社会主义思想凝心铸魂

党的二十大报告指出：用党的创新理论武装全党是党的思想建设的根本任务。全面加强党的思想建设，坚持用新时代中国特色社会主义思想统一思想、统一意志、统一行动，组织实施党的创新理论学习教育计划，建设马克思主义学习型政党。加强理想信念教育，引导全党牢记党的宗旨，解决好世界观、人生观、价值观这个总开关问题，自觉做共产主义远大理想和中国特色社会主义共同理想的坚定信仰者和忠实实践者。坚持学思用贯通、知信行统一，把新时代中国特色社会主义思想转化为坚定理想、锤炼党性和指导实践、推动工作的强大力量。坚持理论武装同常态化长效化开展党史学习教育相结合，引导

党员、干部不断学史明理、学史增信、学史崇德、学史力行，传承红色基因，赓续红色血脉。以县处级以上领导干部为重点在全党深入开展主题教育。

思想是组织的灵魂。组织的统一需要思想的统一来引领，思想的统一需要组织的统一来巩固。把组织建党和思想建党紧密结合在一起，是我们党的一条成功经验。习近平新时代中国特色社会主义思想凝结着当代中国共产党人对共产党执政规律、社会主义建设规律和人类社会发展规律的最新认识，是引领党和国家各项事业、各项工作的科学指南。贯彻落实新时代党的组织路线的一项根本任务，就是要组织推动习近平新时代中国特色社会主义思想的全面贯彻，为全党注入当代中国马克思主义、21世纪马克思主义活的灵魂，真正使各级党组织、广大党员干部特别是领导干部掌握先进的理论武器，提高马克思主义理论水平和实践水平，共同把党的创新理论的真理力量转化为推进新时代中国特色社会主义伟大事业的实践力量。

全面从严治党，既要注重规范惩戒、严明纪律底线，更要发挥理想信念和道德情操引领作用。必须坚持思想从严，教育引导党员、干部补足精神之钙，铸牢思想之魂。党的十八大以来，习近平总书记多次强调，革命理想高于天。坚定理想信念，坚守共产党人精神追求，始终是共产党人安身立命的根本。对马克思主义的信仰，对社会主义和共产主义的信念，是共产党人的政治灵魂，是共产党人经受住任何考验的精神支柱。理想信念动摇是最危险的动摇，理想信念滑坡是最危险的滑坡。理想信念就是共产党人精神上的"钙"，没有理想信念，理想信念不坚定，精神上就会"缺钙"，就会得"软骨病"。检验一个干部理想信念坚定不坚定，主要看干部是否能在重大政治考验面前有政治定力，是否能树立牢固的宗旨意识，是否能对工作极端负责，是否能做到吃苦在前、享受在后，是否能在急难险重任务面前勇挑重担，是否能经得起权力、金钱、美色的诱惑。在新时代，坚定信仰信念，最重要的就是坚定中国特色社会主义道路自信、理论自信、制度自信、文化自信。要把理想信念教育作为思想建设的战略任务，教育引导广大党员、干部从党百年奋斗中感悟信仰力量，弘扬伟大建党精神、赓续红色血脉，牢记初心使命、增强必胜信心，自觉做共产主义远大理想和中国特色社会主义共同理想的坚定信仰者和忠实实践者，真正成为百折不挠、终生不悔的共产主义战士。

三、完善党的自我革命制度规范体系

党的二十大报告指出：坚持制度治党、依规治党，以党章为根本，以民主集中制为核心，完善党内法规制度体系，增强党内法规权威性和执行力，形成坚持真理、修正错误，发现问题、纠正偏差的机制。健全党统一领导、全面覆盖、权威高效的监督体系，完善权力监督制约机制，以党内监督为主导，促进各类监督贯通协调，让权力在阳光下运行。推进政治监督具体化、精准化、常态化，增强对"一把手"和领导班子监督实效。发挥政治巡视利剑作用，加强巡视整改和成果运用。落实全面从严治党政治责任，用好问责利器。

制度优势是一个政党、一个国家的最大优势。全面从严治党要提升到一个新的水平，必须坚持制度治党、依规治党，着力完善全面从严治党制度，确保党始终总揽全局、协调各方。习近平总书记指出，制度问题更带有根本性、全局性、稳定性、长期性。加强党内法规制度建设是全面从严治党的长远之策、根本之策，要全方位扎牢制度的笼子，更多用制度治党、治权、治吏。党章是党的总章程，是全党必须共同遵守的根本行为规范，要自觉学习、模范贯彻、严格遵守、坚决维护党章，切实把党章要求贯彻到党的工作和党的建设全过程、各方面。制度不在多，而在于精，在于务实管用，突出针对性和指导性。要注重党内法规同国家法律的衔接协调，构建以党章为根本、若干配套党内法规为支撑的党内法规制度体系，做到系统完备、科学规范、运行有效。必须健全党的领导制度体系，深化党的建设制度改革，健全党领导各类组织、各项事业的制度，完善全面从严治党制度，确保党始终总揽全局、协调各方。坚持依规治党与以德治党紧密结合，既划出不可碰触的底线，又树立共产党员的高标准。制度的生命力在于执行。要强化法规制度意识，坚持制度面前人人平等、制度执行没有特权、制度约束没有例外，加大贯彻执行力度和监督检查力度，不留"暗门"、不开"天窗"，坚决杜绝在制度执行上做选择、搞变通、打折扣的现象，坚决维护制度的严肃性和权威性，使制度成为硬约束而不是橡皮筋。

党内监督是党的建设的重要内容，也是全面从严治党的重要保障。完善党和国家监督体系，总要求是党统一领导、全面覆盖、权威高效，着力点是增强监督严肃性、协同性、有效性。要强化对公权

党内法规建设这十年

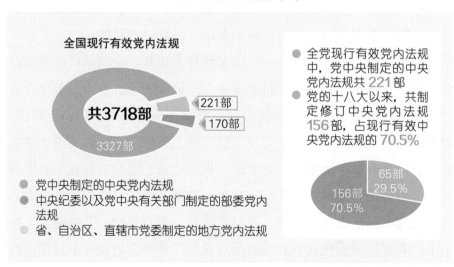

全国现行有效党内法规

共3718部

221部
170部

3327部

- 党中央制定的中央党内法规
- 中央纪委以及党中央有关部门制定的部委党内法规
- 省、自治区、直辖市党委制定的地方党内法规

- 全党现行有效党内法规中，党中央制定的中央党内法规共 221 部
- 党的十八大以来，共制定修订中央党内法规 156 部，占现行有效中央党内法规的 70.5%

65部
29.5%

156部
70.5%

数据来源：《中国纪检监察报》（数据截至 2022 年 6 月）

力的监督制约，盯紧权力运行各环节，抓住政策制定权、审批监管权、执法司法权等关键点，合理分解权力、科学配置权力，严格职责权限，完善权责清单制度，加快推进机构、职能、权限、程序、责任法定化。在党和国家各项监督制度中，党内监督是最根本的、第一位的。要以党内监督为主导，推动人大监督、民主监督、行政监督、司法监督、审计监督、财会监督、统计监督、群众监督、舆论监督有机贯通、相互协调。深化政治巡视，坚持发现问题、形成震慑不动摇，建立巡视巡察上下联动的监督网。强化政治监督，做实日常监督，靠前监督、主动监督，确保党中央重大决策部署落实到位。抓住"关键少数"，破解"一把手"监督难题。要统筹推进党的纪律检查体制改革、国家监察体制改革、纪检监察机构改革，在更高水平上深化转职能、转方式、转作风。

四、建设堪当民族复兴重任的高素质干部队伍

党的二十大报告指出：全面建设社会主义现代化国家，必须有一支政治过硬、适应新时代要求、具备领导现代化建设能力的干部队伍。坚持党管干部原则，坚持德才兼备、以德为先、五湖四海、任人唯贤，把新时代好干部标准落到实处。树立选人用人正确导向，选拔忠诚干净担当的高素质专业化干部，选优配强各级领导班子。坚持把政治标准放在首位，做深做实干部政治素质考察，突出把好政治关、廉洁关。加强实践锻炼、专业训练，注重在重大斗争中磨砺干部，增强干部推动高质量发展本领、服务群众本领、防范化解风险本领。加强干部斗争精神和斗争本领养成，着力增强防风险、迎挑战、抗打压能力，带头担当作为，做到平常时候看得出来、关键时刻站得出来、危难关头豁得出来。完善干部考核评价体系，引导干部树立和践行正

确政绩观，推动干部能上能下、能进能出，形成能者上、优者奖、庸者下、劣者汰的良好局面。抓好后继有人这个根本大计，健全培养选拔优秀年轻干部常态化工作机制，把到基层和艰苦地区锻炼成长作为年轻干部培养的重要途径。重视女干部培养选拔工作，发挥女干部重要作用。重视培养和用好少数民族干部，统筹做好党外干部工作。做好离退休干部工作。加强和改进公务员工作，优化机构编制资源配置。坚持严管和厚爱相结合，加强对干部全方位管理和经常性监督，落实"三个区分开来"，激励干部敢于担当、积极作为。关心关爱基层干部特别是条件艰苦地区干部。

我们党把干部视为事业成败的决定性因素，把人才视为国家兴衰的战略性资源，确立了党管干部、党管人才原则。新时代党的组织路线提出坚持德才兼备、以德为先、任人唯贤的方针，就是强调选干部、用人才，既要重品德，也不能忽视才干。

党的干部是党和国家事业的中坚力量。党要管党，首要是管好干部；从严治党，关键是从严治吏。必须坚持加强思想淬炼、政治历练、实践锻炼、专业训练，抓好执政骨干队伍和人才队伍建设。坚持党管干部原则，强化党组织领导和把关作用，突出政治标准，坚决纠正选人用人的种种偏向，着力培养选拔信念坚定、为民服务、勤政务实、敢于担当、清正廉洁的好干部。坚持德才兼备、以德为先、任人唯贤的方针，把从严管理干部贯彻落实到干部队伍建设全过程，着力构建素质培养体系、知事识人体系、选拔任用体系、从严管理体系、正向激励体系，建设忠诚干净担当的高素质干部队伍。要建设一支忠实贯彻习近平新时代中国特色社会主义思想、符合新时期好干部标准、忠诚干净担当、数量充足、充满活力的高素质专业化年轻干部队伍，确保党的事业后继有人、永续发展。人才是实现民族振兴、赢得国际竞争主动的战略资源。要坚持党管人才原则，加强对人才的政治引领和政治吸纳，深化人才发展体制机制改革，破除人才引进、培养、使用、评价、流动、激励等方面的体制机制障碍，实行更加积极、更加开放、更加有效的人才政策，形成具有吸引力和国际竞争力的人才制度体系，努力聚天下英才而用之。

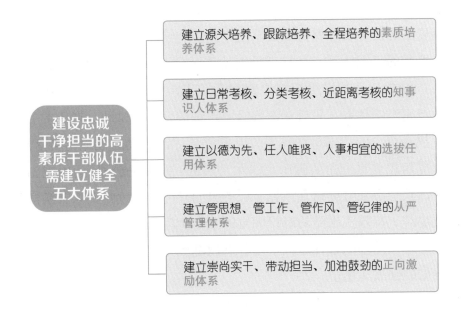

五、增强党组织政治功能和组织功能

党的二十大报告指出：严密的组织体系是党的优势所在、力量所在。各级党组织要履行党章赋予的各项职责，把党的路线方针政策和党中央决策部署贯彻落实好，把各领域广大群众组织凝聚好。坚持大抓基层的鲜明导向，抓党建促乡村振兴，加强城市社区党建工作，推进以党建引领基层治理，持续整顿软弱涣散基层党组织，把基层党组织建设成为有效实现党的领导的坚强战斗堡垒。全面提高机关党建质量，推进事业单位党建工作。推进国有企业、金融企业在完善公司治理中加强党的领导，加强混合所有制企业、非公有制企业党建工作，理顺行业协会、学会、商会党建工作管理体制。加强新经济组织、新社会组织、新就业群体党的建设。注重从青年和产业工人、农民、知识分子中发展党员，加强和改进党员特别是流动党员教育管理。落实党内民主制度，保障党员权利，激励党员发挥先锋模范作用。严肃稳妥处置不合格党员，保持党员队伍先进性和纯洁性。

严密的组织体系，是马克思主义政党的优势所在、力量所在。全面从严治党，必须以组织体系建设为重点，形成上下贯通、执行有力的严密组织体系。只有党的各级组织都健全、都过硬，形成上下贯通、执行有力的严密组织体系，党的领导才能顺畅高效地落实落地。基层党组织是贯彻落实党中央决策部署的"最后一公里"，不能出现"断头路"。必须继续树立大抓基层的鲜明导向，持续整顿软弱涣散基层党组织，有效实现党的组织和党的工作全覆盖，抓紧补齐基层党组织领导基层治理的各种短板，把各领域基层党组织建设成为实现党的领导的坚强战斗堡垒。

全面从严治党是各级党组织的职责所在，党要管党首先是党委要管、党委书记要管。新形势下推进党的建设新的伟大工程，必须推动党建责任层层落实落地，把党建工作抓实、抓细、抓到位。习近平总书记指出，不明确责任，不落实责任，不追究责任，从严治党是做不到的。必须增强管党治党意识、落实管党治党责任，把抓好党建作为最大的政绩。各级党委（党组）要担当和落实好全面从严治党的主体责任，党委书记要履行好第一责任人职责，领导班子成员要履行"一岗双责"，层层传导压力；各级纪委要履行好监督责任，更好发挥党内监督专门机关作用。坚持党建工作和中心工作一起谋划、一起部署、一起考核，把每个领域、每个环节的党建工作抓具体、抓深入，坚决防止"一手硬、一手软"。要坚持真管真严、敢管敢严、长管长严，强化监督问责，把监督检查、目标考核、责任追究有机结合起来，实现问责内容、对象、事项、主体、程序、方式的制度化、程序

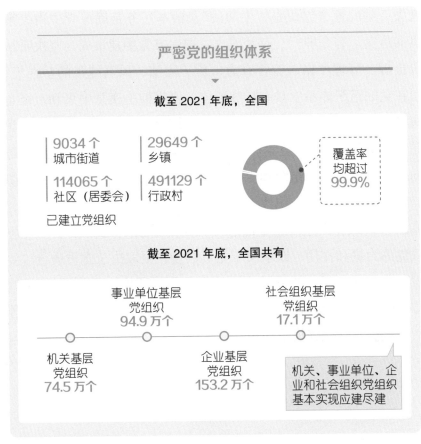

严密党的组织体系

截至 2021 年底，全国

9034 个
城市街道

29649 个
乡镇

114065 个
社区（居委会）

491129 个
行政村

已建立党组织

覆盖率
均超过
99.9%

截至 2021 年底，全国共有

事业单位基层
党组织
94.9 万个

社会组织基层
党组织
17.1 万个

机关基层
党组织
74.5 万个

企业基层
党组织
153.2 万个

机关、事业单位、企业和社会组织党组织基本实现应建尽建

数据来源：《中国共产党党内统计公报》（2021 年）

化，推动管党治党不断从"宽松软"走向"严实硬"，使全面从严治党成为常态。

习近平总书记指出，党的力量来自组织。我们党是按照马克思主义建党原则建立起来的，形成了包括党的中央组织、地方组织、基层组织在内的严密组织体系，这是世界上任何其他政党都不具有的强大优势。党中央是大脑和中枢，党中央必须有定于一尊、一锤定音的权威；中央和国家机关是贯彻落实党中央决策部署的"最初一公里"，要把中央和国家机关建设成为讲政治、守纪律、负责任、有效率的模范机关；党的地方组织是"中间段"，根本任务是确保党中央决策部署贯彻落实，有令即行、有禁即止，把地方党委建设成为坚决听从党中央指挥、管理严格、监督有力、班子团结、风气纯正的坚强组织；党组在党的组织体系中具有特殊地位，要贯彻落实党中央和上级党组织决策部署，发挥好把方向、管大局、保落实的重要作用；基层党组织是"最后一公里"，是党执政大厦的地基，要坚持大抓基层的鲜明导向，有效实现党的组织和党的工作全覆盖，强化政治功能和组织功能，把各领域基层党组织建设成为实现党的领导的坚强战斗堡垒，推动基层党组织全面进步、全面过硬。党员是肌体"细胞"。马克思主义政党的力量和作用，既取决于党员数量，更取决于党员质量，要严把发展党员入口关，把政治标准放在首位，严格党员教育管理监督，使广大党员在全面建设社会主义现代化国家、全面推进中华民族伟大复兴中充分发挥先锋模范作用。

六、坚持以严的基调强化正风肃纪

党的二十大报告指出：党风问题关系执政党的生死存亡。弘扬党的光荣传统和优良作风，促进党员干部特别是领导干部带头深入调查研究，扑下身子干实事、谋实招、求实效。锲而不舍落实中央八项规定精神，抓住"关键少数"以上率下，持续深化纠治"四风"，重点纠治形式主义、官僚主义，坚决破除特权思想和特权行为。把握作风建设地区性、行业性、阶段性特点，抓住普遍发生、反复出现的问题深化整治，推进作风建设常态化长效化。全面加强党的纪律建设，督促领导干部特别是高级干部严于律己、严负其责、严管所辖，对违反党纪的问题，发现一起坚决查处一起。坚持党性党风党纪一起抓，从思想上固本培元，提高党性觉悟，增强拒腐防变能力，涵养富贵不能

党的十八大以来，党中央始终坚持以严的基调强化正风肃纪

党中央率先垂范

党的十八大以来

共查处违反中央八项规定精神问题的中管干部265人

集中整治形式主义和官僚主义问题

党的十九大以来

全国纪检监察机关共查处形式主义、官僚主义问题28.2万多件

纠"四风"树新风并举

健全常态化长效化的工作机制，引导社会风气向上向善。中央八项规定已经成为新时代共产党人的"金色名片"

踏石留印、抓铁有痕

截至2022年9月

中央纪委国家监委连续108个月，每个月都通报查处违反中央八项规定精神情况，对典型案例指名道姓通报曝光

坚持为了群众、依靠群众

党的十九大以来

共查处贪污侵占、优亲厚友、雁过拔毛等问题34.7万多件。同时，拓宽群众监督渠道，织密群众监督网

数据来源：二十大新闻中心第二场记者招待会

淫、贫贱不能移、威武不能屈的浩然正气。

党的作风是党的形象。全面从严治党，必须坚持作风从严、执纪从严，树立和发扬党的优良作风，以严明的纪律管全党治全党。作风建设是攻坚战，更是持久战，永远在路上，没有休止符，必须聚焦群众反映强烈的突出问题，以抓铁有痕、踏石留印的劲头，坚持抓常抓细抓长，整治"四风"问题，力戒形式主义、官僚主义，保持定力、寸步不让，久久为功、见底见效。坚持以上率下，巩固拓展落实中央

八项规定精神成果，大力弘扬党的优良传统和作风，确保党始终同人民同呼吸、共命运、心连心，以党风政风好转带动民风社风转变。践行"三严三实"，坚决反对特权思想和特权现象，完善作风建设长效机制。党要管党、从严治党，靠什么管，凭什么治？就要靠严明纪律。加强纪律建设是全面从严治党的治本之策，要把纪律规矩挺在前面，坚持纪严于法、纪在法前，用严明的纪律管全党治全党。坚持惩前毖后、治病救人，强化监督执纪问责，正确运用监督执纪"四种形态"，抓早抓小、防微杜渐。加强纪律教育，强化纪律执行，让党员、干部知敬畏、存戒惧、守底线，习惯在受监督和约束的环境中工作生活。

七、坚决打赢反腐败斗争攻坚战持久战

党的二十大报告指出：腐败是危害党的生命力和战斗力的最大毒瘤，反腐败是最彻底的自我革命。只要存在腐败问题产生的土壤和条件，反腐败斗争就一刻不能停，必须永远吹冲锋号。坚持不敢腐、不能腐、不想腐一体推进，同时发力、同向发力、综合发力。以零容忍态度反腐惩恶，更加有力遏制增量，更加有效清除存量，坚决查处政治问题和经济问题交织的腐败，坚决防止领导干部成为利益集团和权势团体的代言人、代理人，坚决治理政商勾连破坏政治生态和经济发展环境问题，决不姑息。深化整治权力集中、资金密集、资源富集领域的腐败，坚决惩治群众身边的"蝇贪"，严肃查处领导干部配偶、子女及其配偶等亲属和身边工作人员利用影响力谋私贪腐问题，坚持受贿行贿一起查，惩治新型腐败和隐性腐败。深化反腐败国际合作，一体构建追逃防逃追赃机制。深化标本兼治，推进反腐败国家立法，加强新时代廉洁文化建设，教育引导广大党员、干部增强不想腐的自

党的十八大以来，"打虎"、"拍蝇"、"猎狐"多管齐下，反腐败斗争取得压倒性胜利并全面巩固

 "打虎"无禁区

截至 2022 年 10 月

立案审查调查 553 名中管干部

 "拍蝇"不手软

截至 2022 年 10 月

全国纪检监察机关总共查处涉及教育医疗、养老社保、执法司法等民生领域的腐败和作风问题 65 万多件，一大批群众身边的"蝇贪"、"蛀虫"被查处

 "猎狐"不止步

党的十九大以来
截至 2022 年 9 月

"天网行动"共追回外逃人员 6900 人

其中，党员和国家工作人员 1962 人

追回赃款 327.86 亿元

"百名红通人员"已有 61 人归案

调查结果显示，2022 年

97.4% 的群众认为全面从严治党卓有成效，这个数字比 2012 年提高了 22.4%

99% 的群众认为，党中央正风肃纪反腐的举措，体现了我们党彻底的自我革命精神

数据来源：中央纪委国家监委、央视新闻客户端、《人民日报》

党，清清白白做人、干干净净做事，使严厉惩治、规范权力、教育引导紧密结合、协调联动，不断取得更多制度性成果和更大治理效能。

坚决打赢反腐败斗争攻坚战持久战充分展示了我们党坚定不移惩治腐败的坚强决心，宣示了我们党永葆先进性和纯洁性、永葆生机活力的不懈追求。

习近平总书记指出，反对腐败、建设廉洁政治，保持党的肌体健康，始终是我们党一贯坚持的鲜明政治立场。腐败是我们党面临的

最大威胁，如果任凭腐败问题愈演愈烈，最终必然亡党亡国。党风廉政建设和反腐败斗争是一场输不起的斗争，必须将"严"的主基调长期坚持下去。一体推进不敢腐、不能腐、不想腐，不仅是反腐败斗争的基本方针，也是新时代全面从严治党的重要方略。要巩固发展反腐败斗争压倒性胜利。坚持"老虎"、"苍蝇"一起打，坚持无禁区、全覆盖、零容忍，坚持重遏制、强高压、长震慑，坚持党纪国法面前没有例外，既坚决查处大案要案，又着力解决发生在群众身边的腐败问题，有腐必反、有贪必肃，持续保持高压态势，让腐败分子在党内没有任何藏身之地，强化不敢腐的震慑。深化标本兼治，加强重点领域监督机制改革和制度建设，扎牢不能腐的笼子，形成靠制度管权、管事、管人的长效机制。加强反腐败教育和廉政文化建设，引导党员、干部坚定理想信念，强化宗旨意识，保持共产党人的高尚品格和廉洁操守，牢固树立正确的权力观，增强不想腐的自觉。

结束语

党的二十大报告指出：时代呼唤着我们，人民期待着我们，唯有矢志不渝、笃行不怠，方能不负时代、不负人民。全党必须牢记，坚持党的全面领导是坚持和发展中国特色社会主义的必由之路，中国特色社会主义是实现中华民族伟大复兴的必由之路，团结奋斗是中国人民创造历史伟业的必由之路，贯彻新发展理念是新时代我国发展壮大的必由之路，全面从严治党是党永葆生机活力、走好新的赶考之路的必由之路。这是我们在长期实践中得出的至关紧要的规律性认识，必须倍加珍惜、始终坚持，咬定青山不放松，引领和保障中国特色社会主义巍巍巨轮乘风破浪、行稳致远。

"五个必由之路"是我们党最新总结概括的重要规律性认识，对党和国家事业在新时代加快发展具有重要的指导意义。

党的二十大报告强调：团结就是力量，团结才能胜利。全面建设社会主义现代化国家，必须充分发挥亿万人民的创造伟力。全党要坚持全心全意为人民服务的根本宗旨，树牢群众观点，贯彻群众路线，尊重人民首创精神，坚持一切为了人民、一切依靠人民，从群众中来、到群众中去，始终保持同人民群众的血肉联系，始终接受人民批评和监督，始终同人民同呼吸、共命运、心连心，不断巩固全国各族人民大团结，加强海内外中华儿女大团结，形成同心共圆中国梦的强大合力。

能团结奋斗的民族才有前途，能团结奋斗的政党才能立于不败之地。团结奋斗是党领导人民创造历史伟业的必由之路。历史告诉我们，团结是中国人民和中华民族战胜前进道路上一切风险挑战、不断从胜利走向新的胜利的重要保证。我们靠团结奋斗创造了辉煌历史，还要靠团结奋斗开辟美好未来。当此船到中流、人到半山之时，正需要海内外全体中华儿女心往一处想、劲往一处使，拧成一股绳、铆足一股劲，最大限度凝聚起共同奋斗的力量。前进道路上，只要我们团结一切可以团结的力量，调动一切可以调动的积极因素，只要9600多万中国共产党人始终与人民心连心，就一定能依靠顽强斗争打开事业发展新天地。

党的二十大报告指出：青年强，则国家强。当代中国青年生逢其时，施展才干的舞台无比广阔，实现梦想的前景无比光明。全党要把青年工作作为战略性工作来抓，用党的科学理论武装青年，用党的初心使命感召青年，做青年朋友的知心人、青年工作的热心人、青年群众的引路人。广大青年要坚定不移听党话、跟党走，怀抱梦想又脚踏实地，敢想敢为又善作善成，立志做有理想、敢担当、能吃苦、肯奋斗的新时代好青年，让青春在全面建设社会主义现代化国家的火热实践中绽放绚丽之花。

全党要从政治上着眼、从思想上入手，把青年团结起来、组织起来、动员起来，教育引导广大青年用敏锐的眼光观察社会，用清醒的头脑思考人生，用智慧的力量创造未来，帮助他们早立志、立大志，从内心深处厚植对马克思主义的信仰、对中国共产党的信赖、对中国特色社会主义的信心，追求远大理想，牢记初心使命，深植家国情怀，自觉担当重任，与国家同呼吸、与人民共命运，始终保持蓬勃生机，勇做走在时代前列的奋进者、开拓者、奉献者。

党的二十大报告最后强调：党用伟大奋斗创造了百年伟业，也一定能用新的伟大奋斗创造新的伟业。全党全军全国各族人民要紧密团结在党中央周围，牢记空谈误国、实干兴邦，坚定信心、同心同德，埋头苦干、奋勇前进，为全面建设社会主义现代化国家、全面推进中华民族伟大复兴而团结奋斗！

后 记

　　为了帮助广大党员干部深入学习贯彻党的二十大精神，我们组织相关专家、学者编写了本书，并邀请中共中央党校（国家行政学院）科研部副主任洪向华教授、中共中央党校（国家行政学院）哲学部副主仟董振华教授、中国社会科学院马克思主义研究院副院长林建华教授审读统稿，在此一并表示感谢。

　　不妥之外，敬请读者批评指正。

编者

2022 年 11 月